반철학자 비트겐슈타인

L'antiphilosophie de Wittgenstein

반철학자 비트겐슈타인

L'antiphilosophie de Wittgenstein

알랭 바디우 지음
Alain Badiou

박성훈 · 박영진 옮김

사월의책

반철학자 비트겐슈타인

1판 1쇄 발행 2015년 6월 10일
2판 1쇄 발행 2023년 2월 20일

지은이 알랭 바디우
옮긴이 박성훈·박영진
펴낸이 안희곤
펴낸곳 사월의책

감수 석기용
해제 서용순
편집 박동수
디자인 이원우

등록번호 2009년 8월 20일 제2012-000118호
주소 경기도 고양시 일산서구 중앙로 1388 동관 B113호
전화 031)912-9491 | 팩스 031)913-9491
이메일 aprilbooks@aprilbooks.net
홈페이지 www.aprilbooks.net
블로그 blog.naver.com/aprilbooks

ISBN 979-11-92092-09-6 93160

차 례

서문

가장 훌륭한 철학자들 중에는 내가 라캉을 좇아 반反철학자라고 부르는 사람들이 있다. 여러분은 이어지는 글에서 내가 제시하는 반철학자antiphilosophe의 정의를 보게 될 것인데, 중요한 것은 반철학자가 다른 철학자들을 일깨워 다음 두 가지 사안을 망각하지 못하게 하는 자라는 점이다.

1. 철학의 조건들, 즉 철학이 증언하는 진리들은 언제나 **동시대적**이다. 당대의 혼돈 가운데 철학자는 새로운 개념들을 구축하며, 자신의 주의를 늦추어 기존의 정립된 질서의 유지에 만족하거나 이에 동참할 수 없고, 또한 철학의 장래에 최악의 위협인 강단의 지식으로의 흡수나 소화라는 운명에 빠져서도 안 된다. 반철학자는 우리에게 다음과 같은 사실을 상기시킨다. 철학자란 현존하는 권력과 그 하수인들의 증오를 받는 정치적 투사militant이자, 가장 있을 법하

지 않은 창작물을 맞이하는 심미가esthète이며, 한 남자 혹은 한 여자를 위해 삶을 뒤엎을 수 있는 연인amant이자, 과학의 가장 역설적인 전개들과 빈번히 교류하는 학자savant라는 것이다. 그리고 바로 이러한 열광, 불편, 반역 속에서 철학자들은 이념의 전당을 만들어 낸다는 것을 말이다.

2. 철학자는 주인[스승]Maître의 목소리를 자임한다. 철학자는 겸손히 공동 작업에 참여하는 자나, 닫힌 역사를 부지런히 가르치는 교사, 또는 토론하는 민주주의자가 아니며 그렇게 될 수도 없다. 그의 말은 권위적이고, 폭력적인 만큼이나 매혹적이며, 추종을 강요하고 동요를 일으켜 마음을 돌리도록 만든다. 철학자는 이런 방식으로 자신의 말 안에 현존하며, 비록 이 현존이 전형적인 복종의 현존이라 할지라도, 결코 이성의 의무에서 벗어나지 않는다.

반철학자들에게는 그들 나름대로 이 두 사안을 정리하는 독특한 방식이 있다. 그들은 자신의 시대에 생겨나는 진리와 동시대인이 되고자 할 뿐 아니라, 이를 위해 자신의 삶을 이념의 극장으로, 자신의 몸을 절대성의 장소로 만든다. "기쁨, 기쁨의 눈물"이라고 말하는 파스칼Blaise Pascal에서부터 "[나는] 두 천년기 사이에 서 있는 결정적이고 치명적인 그 무엇"이라고 말하는 니체Friedrich Nietzsche에 이르기까지, "나는 어떠한 전례도 없고 아무도 그 실현을 모방하지 못할 기획에 착수한다"고 말하는 루소Jean-Jacques Rousseau에서부터 "오로지 언제나 그랬던 것처럼, 나는 …을 정초한다"고 말하는 라캉Jacques Lacan에 이르기까지, "내 삶은 내가 가진 모든 것이고, 어려움이 생길 때마다 나는 주저 없이 내 삶을 건다"고 말하는 키르케고르Søren Kierkegaard에서부터 앞으로 우리가 상세히 살펴볼 비트겐슈타인Ludwig Wittgenstein에 이르기까지, 반철학자에게 개인적인 삶의 고뇌와 황홀경은 개념이 시간적인 현재를 엄습하여 [결국] 몸의 고통에 이르게 됨을 증언한다. 그리고 반철학자는 옹색한 사람, 복습교사, 문법지식을 자랑하는 현학자, 혹은 학교나 성당을 지키는 경건한 문지기가 되지 않기 위해 애쓰는 가운데, 자신의 동료인 철학자에게 극단적으로 폭력적인 발언을 퍼붓는 데 전념한다. 데카르트René Descartes에 대항한 파스칼, 백과전서파Encyclopédistes에 대항한 루소, 헤겔Georg Wilhelm Friedrich Hegel에 대항한 키르케고르, 플라톤Platon에 대항한 니체, 알튀세르Louis Althusser에 대항한 라캉의 관계에서 드러나듯이, 각각의 반철학자는 저마다 공허하고 헛된 말의 전형적인 실례로 간주하기 위한 철학자를 선택한다.

나는 이러한 연유로 세미나 시간을 수년간 근현대의 주요 반철학자들을 다루는 데 할애했다. 나는 니체를 필두로 하여 비트겐슈타인과 라캉을 차례로 다루었고, 그 다음에는 뒤로 훌쩍 뛰어서 (디오게네스와 헤라클레이토스를 제외할 경우) 반철학적 입장의 창시자인 사도 바울에 관한 세미나를 마쳤다.

『논리-철학 논고』*Tractatus Logico-Philosophicus*(이하 『논고』로 표기—옮긴이)라는 독특한 걸작에 바쳐진, 이 작은 책의 첫 번째 부분은 이 세미나 전체 가운데 두 번째 세미나의 결과물이다. 이 글은 앞서 『바르카!』*Barca!*(3호, Toulouse, 1994)라는 잡지에 수록되어 출판되었고, 2007년에 디아파네스Diaphanes 출판사에서 『비트겐슈타인의 반철학』*Wittgensteins Antiphilosophie*(하인츠 야토Heinz Jatho 번역)이라는 제목의 독일어판 소책자로 상당 부분 수정 간행되었다.

이 책의 두 번째 부분은 비트겐슈타인의 언어를, 혹은 더 정확히 말해 언어들을, 혹은 문체들을 다룬다. 이 글은 바바라 카생Barbara Cassin이 오래전부터 열정적으로 연구해 온 주제—통상 "철학"이라는 이름으로 통용되는 것이 고향을 발견하게 되는 언어적 장소라는 주제—와 관련되며, 국제철학학교Collège International de Philosophie에서 그녀가 개설한 세미나에 발제할 목적으로 쓰였다. 이 발제문은 편집을 거쳐 국제철학학교의 잡지인 『데카르트 거리』*Rue Descartes*(26호, 1999)를 통해 발표되었다.

이 두 글이 오랫동안 잠들어 있었던 이유는 내가 삼부작을 쓰고자 했기 때문이다. 말하자면 비트겐슈타인의 문제들을 다루는 이 책의 두 번째 글은 이 고뇌하는 반철학자의 가장 중요한 두 권의 "책", 『논고』와 『철학적 탐구』*Philosophische Untersuchungen*(비트겐슈타인 생전에 결코 활자화되지 않은 책)에 관한 분석들 사이에 위치할 중간 휴지休止이자 이 분석들을 잇는 매개체가 될 예정이었다. 상당한 시차를 두고 다시 훑어가면서, 몇 차례의 절박하고 실망스러운 시도를 해보았지만 『철학적 탐구』에 관한 어떠한 흥미로운 결과물에도 이르지 못했다. 독자들도 곧 알게 되겠지만 사실 나는 이 두 번째 책을 별로 좋아하지 않으며, 더군다나 지금 이 책이 처한 상태를 좋아할 수 없다. 요컨대 이 책은 영미권의 문법 철학이라는 20세기의 스콜라주의를 위해 본의 아닌 부당한 담보물이 되었다. 하지만 영미권의 문법 철학은 인상적인 제도권의 권력을 지녔으나, 그런 만큼이나 신비주의자이자 심미가이자 영성의 스탈린주의자인 비트겐슈타인이 바랐을 법한 모든 것과는 정반대되는 철학인 것이다.

비트겐슈타인이 결국 자신의 과오에 대한 대가를 치렀다고 주장할 수 있을까? 형식들Formes을 희생시킬 정도로 지나치게 오만한 회의주의, 난삽한 기교, 앞길이 보이지 않는 해체, 구문론syntaxe에 치우친 관심을 그의 과오로 지적할 수 있다. 나아가 가장 심각한 것으로, 반철학자가 기꺼이 굴복하는 유혹을, 즉 수학에 대해 아무것도 몰랐던 니체를 선두로, 더 은밀하게는 파스칼과 비트겐슈타인처럼 수학에 천재적인 재능을 선보이면서 시작했던 사람들이 굴복하는 유혹을 꼽을 수 있다. 그것은 수학을 경멸하고, 윤리적인 진지함과 실존적인 강렬함의 견지에서 수학을 그저 애들 장난jeu d'enfant으로 깎아 내릴 수 있는 능력의 유혹이다. 어떤 철학도 수학에 대한 경멸로부터 스스로를 건져 올릴 수 없는데, 이것이 내가 비트겐슈타인 독해를 『논고』에서 멈춘 이유이다. 물론 이 책 안에도 수학에 대한 경멸이 이미 자리하고 있다. 그 경멸이 숭배와 혼합된 형태로 드러나기는 하지만 말이다.

나는 이미 사도 바울에 대한 책을 출간했다. 이제 여기에 훨씬 엉성하지만 내가 해석한 비트겐슈타인을 내놓는다. 시간이 나는 대로 나는 니체와 라캉까지 해서 이들의 초상을 완성할 것이다. 언젠가 위대한 고전적(기독교적이라는 의미이기도 한) 반철학자들인 파스칼, 루소, 키르케고르에 대해서도 같은 작업을 하겠다는 생각을 결코 단념하지 않으면서.

2008년 7월

알랭 바디우

1장

비트겐슈타인의 반철학

누군가가 내 명제들을 통해 그것들 너머로 나아갈 때, 그는 마침내 그것들이 무의미함을 알게 된다. 사다리를 다 올라간 뒤에는 그 사다리를 던져 버려야 한다.

비트겐슈타인이 우리 시대의 영웅이었다는 주장은 결코 무리한 것이 아니다. 그러나 이러한 평가는 그가 **어떤 대의를 짊어진** 영웅이었고, 그가 어떻게 그 대의를 옹호했으며, 또한 어떻게 그가 소중하게 간직한 약속의 전례 없는 실행의 불가능성—일종의 사변적 오만함으로 서투르게 감추었던—가운데 길을 잃었는지에 대한 엄밀한 검토가 선행되는 한에서 가능하다.

1

1914년 11월, 비트겐슈타인은 참전 중이었다. 그는 이미 전장의 포화를 경험한 적이 있었다. 비트겐슈타인이 군

인으로서 거쳐 간 행적은 자신의 준칙에 묘하게 부합하는 것이며, 그 준칙에 따를 때 철학적 명제들의 생산은 헛된 일인데, 여기에서 중요한 것은 "명제들의 명료화"(『논고』, 4.112)인 까닭이다. 이를 군사 용어로 바꿔 말하자면, 중요한 것은 사격tirer이 아니라 조준을 분명하게 하는de clarifier de le tir 것이다. 차후에 포탄의 궤적을 수정하는 "관측병"이 될 비트겐슈타인은 포함砲艦 갑판의 탐조등을 담당하고 있었다. 그가 배속된 기지는 폴란드의 크라쿠프에 있었다. 그는 거기서 1888년에 출간된 니체의 중요한 마지막 저작들, 특히 『안티크리스트』*Der Antichrist*를 발견한다. 이때 그는 다음과 같은 일기를 남기고 있다. "나는 기독교에 대한 그의 적개심에 큰 충격을 받았다. 왜냐하면 그의 책에도 일부 진리가 담겨 있기 때문이다."

우리의 첫 번째 질문은 다음과 같다. 비트겐슈타인이 그리스도에 대항하는 디오니소스의 저주 속에 존재한다고 인정한 그 "진리의 일부"란 무엇인가? 이어지는 두 번째 질문. 비트겐슈타인에게 기독교는 무엇이기에, 단지 진리의 "일부"일 뿐임에도, 이 토리노의 광인의 반反사제적anti-prêtre 법제정으로부터 그렇게나 마음에 상처를 입는 것인가? 니체와 비트겐슈타인이 각자 차례대로 철학에 대한 모종의 철학적 경멸을 통해 20세기를 이끈다donner le la* 는 점을 고려할 때, 이 두 질문은 결정적인 것이다.

* 직역할 경우, '라' 음을 주다, 기악 합주에서 기준음을 잡는다는 의미. (이하의 모든 각주는 옮긴이의 주이다.)

2

우리는 니체와 비트겐슈타인이 공유하는 어떤 것을, 20세기에 세 번째로 등장하는 위대하고 매혹적인 철학의 비방자 자크 라캉의 용어를 빌려 지칭할 것이다. 한마디로 반철학antiphilosophie이라고 말이다. 이제 그 말을 내뱉었다. 그러나 그것만으로 끝은 아닌데, 반철학이라는 용어에 대한 해명이 이 글 전체의 관건이며 비트겐슈타인이 우리에게 가르침을 줄 사안이지만, 그럼에도 우리는 그 용어의 힘을 잠정적으로 고정시켜야 할 부담을 면하지 못하기 때문이다.

반철학은 그 기원 이래로(나는 그 기원이 헤라클레이토스라고 말하고자 하는데, 파스칼이 데카르트에 대한 반철학자였듯이 그는 파르메니데스에 대한 반철학자였다), 다음과 같은 세 가지 결합된 작업으로 식별된다.

1. 철학의 진술들에 대한 언어적·논리적·계보학적 비판, 진리라는 범주의 폐기, 그리고 스스로를 이론으로 구성하고자 하는 철학적 야망의 해체. 이를 실행하기 위해서, 한편으로, 반철학은 흔히 소피스트적 사유가 활용하는 자원을 끌어온다. 니체에게 이 작업은 "모든 가치들의 전복", 플

라톤 병maladie-Platon에 대한 투쟁, 기호와 유형으로 이루어진 전투적 문법이라는 이름을 갖는다.

2. 철학이 최종적으로 담론적 외양으로, 명제들로, 거짓된 이론적 외양으로 환원될 수 없다는 점에 대한 인식. 철학은 하나의 행위이며, 철학이 "진리"에 관해 꾸며 낸 허구적 우화들은 장식이자 선전이며 거짓말이다. 니체에게 관건은 이 제의복ornements 이면에 감춰진 강력한 사제의 형상을, 반동적인 힘의 강력한 조직자를, 허무주의로부터 이득을 취하는 자를, 원한을 향유하는 우두머리를 식별하는 것이었다.

3. 철학적 행위에 맞서는 철저한 새로움을 지닌 다른 행위의 호소, 이는 철학적이라는 말("하찮은 철학자"가 자기 몸을 뒤덮는 훈장*에 들떠 더욱 동의할 어떤 것)의 모호성만큼이나, 보다 직설적으로 말해서, 초超철학적인 혹은 아예 몰沒철학적인 모호성 가운데 있는 철학의 행위에 대항할 행위에 대한 호소이다. 이 전례 없는 행위는 철학적 행위의 유해한 특성을 분명하게 드러냄으로써 철학적 행위를 파괴

* 원문은 'crachats'. 이 단어는 '침'이나 '가래'라는 의미도 담고 있어 상당히 냉소적인 중의성을 띤다.

한다. 이 행위는 철학적 행위를 단정적으로 극복한다. 니체의 경우에 이 행위는 본성상 원元정치적archi-politique이며, 그 구호는 "세계의 역사를 둘로 쪼개기"라고 말할 수 있다.

우리는 비트겐슈타인의 저작에서 이러한 세 가지 작업을 식별할 수 있는가? 여기서 "비트겐슈타인의 저작"이란 비트겐슈타인 자신이 대중 앞에 공개할 만한 가치가 있다고 평가한 유일한 텍스트인 『논고』를 의미한다. 나머지 모든 저작에 대해서는 내재적인 주해나 사적인 탈무드로서의 위상만을 부여하는 것이 적합하다(그리고 그 안에서 점차 무너져 가는 모든 것을 감안할 때 그러는 편이 오히려 더 낫다). 상기의 질문에 대한 답은 확실히 긍정적이다.

1. [비트겐슈타인의 관점에서] 철학은 모든 이론적 오만을 박탈당하는데, 그 이유는 철학이 어림짐작과 오류들로 구성되어 있기 때문이 아니라—이 정도만 되어도 철학에 너무 많은 것을 양보하는 셈이 될 것이다—철학의 의도 자체가 무효화되기 때문이다. "철학 저술들에서 발견되는 대부분의 명제와 질문들은 거짓이 아니라 무의미한 것absurdes*이다."(『논고』, 4.003) 반철학의 전형적인 특징은 (철

* 'absurde'라는 말은 '부조리한', '터무니없는' 등의 의미를 가진 말이지만,

학자라는 이름으로 불릴 만한 자가 전시대나 동시대 사람들을 반박할 때와는 달리) 철학적인 논제들을 **논의**하려는 의도가 전혀 없다는 것인데, 왜냐하면 그런 식의 논의를 하려면 반철학이 철학의 규범들(예를 들어 참과 거짓의 규범들)을 공유해야 하기 때문이다. 반철학자가 의도하는 것은 그런 철학적 욕망을 통째로 방황과 유해한 것의 영역에 위치시키는 것이다. 질병의 은유는 이러한 반철학적 의도에서 좀처럼 빠지지 않는 주제이며, 확실히 비트겐슈타인의 "무의미한 것"이라는 말에서도 드러난다. "무의미"라는 말이 "의미의 결여"dépourvu de sens를 의미하는 한, 심지어 철학은 사유가 아니라는 결론이 도출된다. 실제로 사유의 정의란 바로 이런 것이다. "사유란 의미가 부여된 명제이다."(『논고』, 4)

따라서 철학은 비非사유non-pensée이다. 심지어—이는 미묘하지만 동시에 중요한 사안인데—철학은 말할 수 없는 실재를 포착해 내기 위해 의미가 부여된 명제의 한계를 넘어서는 **긍정적인** 비사유조차 아니다. 철학은 퇴행적이며 병적인 비사유인데, **왜냐하면 철학은 그 자체의 무의미**

비트겐슈타인 번역에서 'nonsense'나 'meaningless'라는 말과 관련되기에, 이 번역에서는 주로 '무의미'로 옮긴다. 하지만 문맥에 따라 '부조리한', '불합리한', '부당한' 등으로 옮기기도 한다.

함*absurdité***을 명제와 이론의 영역 안에 제시하려 하기 때문이다.** 철학적 질병은 무의미가 그 자체를 의미로 드러낼 때, 비사유가 그 자체를 사유로 상상할 때 발생한다. 따라서 우리는 철학을 마치 거짓된 사유인 양 논박하는 것이 아니라, 오직 사유를 위해 정해진 규약들(명제들과 이론들)에 부당하게 absuredement 자기 자신을 기입해 넣는 가장 중대한 과오로, 즉 **비사유의 과오**로 판결하고 단죄해야 한다. 철학은 긍정적인 비사유의 궁극적으로 탁월한 존엄성(의미의 장벽을 뛰어넘는 행위의 존엄성)의 견지에서 볼 때 **유죄**인 것이다.

2. 철학의 본질은 명제와 이론이라는 병적인 거짓 외양에 있는 것이 아니라 무엇보다 행위의 영역에 있다는 선언은 비트겐슈타인이 『논고』 4.112에서 주장하는 바인데, 그로 인해 무의미한 전래의 철학과 자신의 반철학 사이에 모호한 기류가 감돌게 된다. "철학은 이론이 아니라 활동이다."

그럼에도 불구하고 철학의 욕망을 과학의 활동과 관련지을 경우 이런 주장의 전반적인 가치는 분명해진다. 누구나 철학은 궁극적인 목적에, 더 높은 무엇에, 인간의 삶에서 중요한 어떤 것에 관심을 기울인다는 점에 동의할 것이다. 그러나 엄밀한 의미에서 이론적 활동, 이를테면 명제의 형식을 취하는 활동(의미가 부여된 명제 혹은 더 정확히 말해서 참된 명제, 즉 "참된 명제들의 전체는 자연과학 전체를 형성한다"[『논고』, 4.11]라는 진술에서 언급되는 과학)은 이 모든 것에 전혀 관심을 기울이지 않는다. 아마도 이는 실망스러운 일일지 모르지만(특히 비트겐슈타인에게서 실증주의자의 모습을, 혹은 심지어 분석철학자나 합리주의자의 모습을 찾을 수 있다고 믿었던 이들에게), "명제는 더 높은eminent* 어떤 것도 표현할 수 없다"(『논고』, 6.42)라는 점에는 논쟁의 여지가 없다. 이는 다음의 구절에서 더욱 잘 드러난다. "우리는 설령 모든 가능한 과학적 질문이 답을 찾는다 하더라도 삶의 문제들은 조금도 손대지 않은 채 그대로 남는다고 느낀다."(『논고』, 6.52) 그 자체의 실존을 이끌어 내고자 하는 일반적인 열망 가운데, 철학은 "삶의 문제들"에 전념하며 모든 과학적·이론적 형상과 본질적으로 구별된다. 철학은 명제와 의미의 권위에서 벗어나며 동시에 행위의 형태에 전념한다. 간단히 말해서, 그런 행위에는 두 가지 유형이 실존할 것이다. 하나는 비사유를 강제로 이론적 명제에 굴복시키려 하기에 하위下位과학적[과학 아래에 있는]infra-

---

* 일부 국역본 번역에서 '고차원적'이라는 말로 번역되기도 하지만, 이 말은 '더 높은'이라는 의미의 'höheres'라는 말을 옮긴 것이다.

scientifique이자 무의미한 유형으로, 이는 진정한 의미의 철학적 질병이다. 다른 하나는 상위上位과학적인[과학 위에 있는]supra-scientifique 유형이며, 이는 실재를 "건드리는" 것으로서의 비사유를 침묵 속에 단언한다. 이것이 바로 반철학의 전리품인 진정한 "철학"이다.

3. 그러므로 새로운 유형의 행위를 공표해야 한다. 이 새로운 유형의 행위는 철학적 질병을 극복하고, 무의미하게 이론적 명제를 통해 "삶의 문제"를 구현하고자 하는 퇴행적 행위를 파기하며, 이제 과학의 너머에서 실재의 권리를 단언한다. 이 행위를 철학적 행위 가운데 있는 억지스럽고 광적인 어떤 것과 더 분명하게 구분하기 위해서, 비트겐슈타인은 이 행위를 오히려 하나의 요소élément로, 즉 진정한 비사유가 거주하는 **어떤 것**으로 묘사한다. 그러나 이미 니체 또한 우리에게 위대한 정오Grand Midi의 힘을, "신성한 긍정affirmation"의 힘을 전달하는 일에 착수했던 바 있다. 그 힘은 좁은 의미로 말하는 의지, 즉 계획적이며 윤리적인 의지의 통로가 아니라, 빛나는 은유들의 통로를 통해 "전달되었다". 비트겐슈타인 또한 은유라는 운명을 면할 수 없는데, 왜냐하면 그 행위는 모든 의미 있는 명제 너머에, 모든 사유 너머에 유효한 비사유가 자리 잡게 해야 하기 때문이

다. 그 너머란 또한 모든 과학 너머를 의미하기도 한다. 그가 선택한 은유는 예술적 기원(가시성, 보여줌)과 종교적 기원(신비주의)을 연결하는 것이다. "물론 말로 표현할 수 없는 것이 있으며, 그것은 스스로 드러난다. 그것이 바로 신비한 것이다."(『논고』, 6.522)

"거기 있는 것"ce qu'il y a을 어떠한 참된 명제로도 말할 수 없는 이상, 반철학적 행위는 거기 있는 것이 스스로 드러나게 하는 일이다. 비트겐슈타인의 반철학적 행위를 원元미학적인archi-esthétique 것이라 선언하는 것이 합당하다면, 이는 이러한 "내맡김"laisser-être이 순수한 보여줌monstration, 즉 **명료성**[계시]*clarté*이라는 비非명제적인 형식을 취하고 있으며, 그러한 명료성은 오로지 예술작품이라는 사유 없는 형식을 통해서만 말할 수 없는 것l'indicible의 것이 되기 때문이다(분명 비트겐슈타인에게 이러한 증여의 패러다임은 음악이다). 내가 [이 행위를] **원**元미학적이라고 말하는 이유는 여기에서 철학을 예술로 대체하는 것이 더 이상 관건이 아니기 때문이다. 관건은 과학적이거나 명제적인 활동 **안에** 일종의 명료성의 원리를 도입하는 것으로서, 이 원리의 (신비한) 요소는 그런 활동 너머에 있으며 그 실재적 패러다임은 예술이다. 그러므로 관건은 말할 수 있는 것le dicible(사유할 수 있는 것)의 법칙을 확고하게 수립하는 것이며, 그 목적은 말할 수 없는 것(사유할 수 없는 것, 즉 궁극적으로 예술의 형식을 통해서만 주어지는 것)을 말할 수 있는 것 자체의 "상한선"으로 설정하고자 함이다. "철학은 [그러니까 반철학은] 사유할 수 있는 것의 한계를 그어야 하며, 이를 통해 사유할 수 없는 것의 한계를 그어야 한다."(『논고』, 4.114) 또한 "철학은 말할 수 있는 것을 명확히 제시함으로써 말할 수 없는 것을 표시할 것이다."(『논고』, 4.115) 여기서 우리가 알게 되는 것은, 알튀세르가 레닌Lenin을 따라서 말했던 그대로, 반철학적 행위가 경계선 긋기로 귀결된다는 점이다. 그리고 어쩌면 알튀세르의 기획은 "유물론적 철학"이라는 이름 아래 20세기의 반철학에 근접했다고 할 수 있을지도 모른다. 다만 차이가 있다면, 알튀세르의 경우 이러한 분리 행위가 유도한 "명료성"을 침묵 속에 가르치는 것이 "진영의 선택"prise de parti이라는 당파적 이름을 단 혁명적 정치에 가까웠던 데 반해, 비트겐슈타인의 경우 "신비한 요소"라는 이름을 단 복음서와 고전음악의 혼합이었다는 점이다.

어쨌든 의심의 여지없이 모든 반철학을 구성하는 세 가지 작업을 비트겐슈타인에게서 찾을 수 있으며, 이 점이 비트겐슈타인이 이 사안에 관한 한 그의 중요한 선배 격인 니체의 저작에서 "진리의 일부"를 발견했다고 한 바를 해명해 준다.

이러한 진리의 일부는 다음과 같은 명백한 차이들과 함께 변증법적 관계에 들어선다.

- 니체의 철학적 진술들에 대한 계보학적 파괴에, 철학적 진술을 지탱하는 권력 유형에 대한 규명에, 이에 따라 그 기만을 삶의 도약élan vital의 형상으로 보는 분석에 상응하는 것은, 비트겐슈타인의 편에서, 무의미non-sens를 언어적인 의미의 영역에 강제하는 부조리absurdité에 대한 규명이다. 니체에게 형이상학은 무無에 대한 의지이며, 비트겐슈타인에게 형이상학은 의미로 모습을 드러낸 의미 없음이다. 니체에게 그 질병의 이름은 허무주의이며, 비트겐슈타인에게 그것은 어쩌면 허무주의보다 더 나쁜 것, 즉 지껄임이다.
- 니체에게 은닉된 철학적 행위란 유형학적인 사제의 권력을 행사하는 것이다. 비트겐슈타인에게 그 행위는 말할 수 있는 것과 말할 수 없는 것 사이에, 사유할 수 있는 것과 사유할 수 없는 것 사이에 그어진 경계

선을 지우는 일이며, 한계들의 불명료성non-clarté을 향한 의지이다. 따라서 이는 또한—니체도 이에 동의할 것인데—어떠한 규칙에 의해서도 방해받지 않고 어떠한 차이에 의해서도 제한되지 않는 꿈결에서나 말해질 수 있는 언어를 맹목적이고 **격정적인** 방식으로 실행하는 것에 다름 아니기도 하다.

- 니체가 고지한 행위는 원元정치적인 것인데, 왜냐하면 그 순수한 긍정[단언]affirmation은 결국 사제가 지닌 세속적 권력의 파괴이기 때문이다. 비트겐슈타인의 경우, 고지된 행위는 원元미학적인 것인데, 이는 말할 수 있는 것의 한계에 관련된 모든 명료성의 원리(그 자체가 말할 수 없는 것이기도 하다)가 예술적 패러다임에 대한 접근법이자 내면적 아름다움으로서의 신성한 삶에 대한 접근법이기도 한 순수한 보여줌monstration에서 유래하기 때문이다. "윤리학과 미학은 하나이다."(『논고』, 6.421) 이는 한참 뒤에 나온, 거의 유언에 가까운 선언에서 더욱 잘 드러난다(많은 단념과 방황을 겪은 후에 본질적인 것이 되돌아오는 법이다). "철학이 시로 쓰여야만 한다고 말했을 때, 나는 철학에 대한 나 자신의 태도를 요약했다고 생각한다."

3

그런데 니체와 비트겐슈타인이 공유하지 않는 것이 있다. 비트겐슈타인은 기독교에 대한 니체의 적개심에 "큰 충격을 받았다."

기독교와 근현대적 반철학의 연관에는 긴 역사가 있다. 우리는 손쉽게 파스칼, 루소, 키르케고르, 니체, 비트겐슈타인, 라캉과 같은 대단한 역량을 지닌 반철학자의 목록을 작성할 수 있다. 여기서 분명하게 눈에 띄는 사항은 이들 중 파스칼, 루소, 키르케고르, 비트겐슈타인 등 네 사람이 기독교와 본질적인 관계를 맺고 있었다는 점이다. 또한 니체의 격심한 증오는 적어도 그 자체로는 사랑만큼이나 강한 유대이며, 이것만으로도 "광기어린 편지들"을 쓴 니체가 아무렇지 않게 "디오니소스"나 "십자가에 못 박힌 자"라고 서명할 수 있었다는 사실이 설명된다. 이 반철학자 무리에서 유일하게 참된 합리주의자인—하지만 동시에 근현대적 반철학의 주기를 완성한—라캉은, 기독교가 과학의 주체를 구성하는 데 결정적인 영향을 미치는 이상, 우리가 본성상 구조적인 성격을 갖는 종교적 주체로부터 풀려나기를 희망하는 것은 헛된 일이라고 주장한다.

진정한 문제는 비트겐슈타인의 반철학적인 배치에서 "기독교"가 무엇에 관한 이름인지 아는 데 있다.

그것은 분명히 기존의 제도화된 종교의 이름이 아니다. 게다가 이는 심지어 종교 안에서 **현실***réalité*의 형태를 띠고 있는 모든 것을 겨냥해 예수회에 대한 자신의 증오를 표출한 파스칼에게도 해당하는 이야기다. 반철학자들에게 "종교"란 철학과 거리를 두고 자기 행위의 단독성singularité을 가리키기 위해 이용하는 소재일 뿐이다.

비트겐슈타인의 기독교에 대한 준거는 무엇보다 문학적이자 러시아적인 것, 즉 톨스토이와 도스토예프스키의 작품이다. 복음서는 그 자체로 하나의 작품으로, 그리고 무엇이 신성한 삶 곧 아름다운 삶일 수 있는지에 관한 명료성의 원리를 보여주는 한 가지 가능한 예시로 이해된다.

사실상 "기독교"가 명명하는 것은 삶의 의미에 대한 명료화이며, 삶의 의미란 또한 세계의 의미이기도 하다(『논고』의 5.63에서 말하는 것처럼, "나는 나의 세계"이므로). 그렇다면 그것은 두 가지 측면으로 나뉜다.

1. 객관적인 측면에서, 우리는 세계의 의미가 말할 수 있는 것에 속하지 않는다는 것을 안다. 말할 수 있는 것은 명제나 이론의 형식을 취하는 이상 오로지 과학적인 것일 뿐

이다. 따라서 말하기의 범위 바깥에 위치해 있는 세계의 의미는 초월적인 것(세계 바깥에 있는 것)으로 표상될 수 있다. 결과적으로 이것을 가리키기에 적합한 이름은 신Dieu이라는 이름이다. 1916년에 쓴 메모에서 비트겐슈타인은 다음과 같이 서술한다. "삶의 의미, 달리 말해서 세계의 의미는 신이라 지칭할 수 있다." 우리는 『논고』에서도 이런 경향을 발견한다. 예를 들어 6.432의 "신은 세계 안에 자신을 드러내지 않는다"라는 진술은 6.45의 "세계의 한계에 대한 느낌, 이것이야말로 신비한 것이다"라는 진술로 완성된다. 기독교는 신이라는 이름 아래 세계의 한계에 대한 느낌과 일치하는 어떤 것을 보여주는 가장 완성된 미학적 형식이 될 것이다.

2. 주관적인 측면에서, 기독교는 말할 수 없는 삶의 의미에 따라 규정된 삶, 즉 신성한 삶과 동일한 것으로서의 "아름다운" 삶을 가리킨다. 그것은 행복과 동의어이다. 비트겐슈타인은 이미 자신의 일기에 니체와 관련하여 이런 이야기를 적어둔 바 있다. 더 나아가 그는 계속해서 이렇게 적는다. "진실을 말하자면 기독교는 확실하게 행복에 이르는 유일한 길이다." 여기에서 "행복"이라는 단어는 의미 있는 삶을 가리킨다(파스칼의 경우에도 그러하듯, 세계가 그 자

체의 의미에 따라 돌아갈 때, 세계의 의미는 세계 그 자체에 부재한다).

전적인 난점은 (앞으로 보겠지만 이는 메타언어의 부재와 관련되는데) **의미에는 의미가 없기에, 우리가 의미의 길 혹은 행복의 길을 따르도록 하는 것, 즉 기독교를 따르도록 하는 것은 아무것도 없다**는 사실에 있다. 비트겐슈타인은 일기에 계속해서 다음과 같이 쓰고 있다. "하지만 만약 어떤 이가 이런 행복을 경멸한다면 어떻게 될까? 차라리 바깥 세계에 맞선 절망적인 투쟁 속에서 불행하게 죽어 없어지는 편이 더 낫지 않을까? 그런 삶은 분명히 의미가 없는 삶이다. 하지만 어째서 의미 없는 삶을 살면 안 되나? 수치스럽기 때문일까?"

우리가 명확하게 아는 것은 "기독교"라는 단어 아래 성스러움(행복)과 비천함(무의미, 수치스러운 것, 자살) 사이의 규범 없는 투쟁이 창궐하고 있다는 것이다. 과학(세계 **안에서** 의미를 전달하는 것)이 전혀 쓸모가 없는 이 투쟁에서, 우리는 오로지 미학적인 느낌(신 없는 삶에서 **보이는** 추함)과 말할 수 있는 것에 대한 무한한 명료화에 의지할 수밖에 없으며, 이로부터 그러한 명료화가 세계의 한계에 대한 침묵의 경험을 양육하고 우리에게 행복으로 가는 접근로를 열어

주기를 희망할 수 있을 뿐이다.

첫 번째 방향에서, 비트겐슈타인은 몇 차례에 걸쳐 양심에 대한 검토를 되풀이하면서, 파스칼이 인간적 조건의 비참함에 대해 그랬듯이, 자기 영혼의 진정으로 흉한 inésthetique 측면을 관찰한다. 이에 관한 텍스트는 셀 수 없이 많은데, 1914년에 러셀Bertrand Russell에게 보낸 편지를 인용하자면, "내 삶은 상상할 수 있는 가장 추하고 비참한 생각과 행위로 가득 차 있습니다. 지금까지 내 삶은 그토록 혐오스러운 것이었습니다." 무려 세 명의 형제가 스스로 목숨을 끊었으며 "아홉 살 이후 줄곧 자살을 생각"했다고 고백하는 비트겐슈타인은 자살을 죄의 기본적인, 거의 원자적인 형식으로 규정한다(만약 기독교적 신성함이 행복이라면, 불행의 당연한 귀결인 자살이 **악**의 순수한 본질이라는 추론은 논리적이다). 1917년에 쓴 한 일지에는 도스토예프스키에 관한 구절이 쓰여 있다. "만약 자살이 허용된다면, 모든 것이 허용된다. 모든 것이 허용되지 않는다면, 자살은 허용되지 않는다. 이것이 윤리의 본성을 밝혀 준다. 왜냐하면 자살이란 말하자면 기본적인 죄악이기 때문이다." 여기서 우리는 끊임없이 **고백하는** 비트겐슈타인을 본다.

이런 비트겐슈타인은 형식적인 면에서 니체와 대립되

지 않는다. 니체 또한 종종 자신을 자기 행위의 예시로 들지 않을 수 없었다. [이를 위해서는] 『이 사람을 보라』*Ecce Homo*의 **방법적** 기능을 살펴보는 것으로 충분하다.

요컨대 반철학의 요구는 반철학자를 항상 실존적인 단독성으로 드러내는 것이다. 이 요구에 예외는 없다. 파스칼의 『회상록』*Mémorial*으로부터 라캉 세미나의 핵심부에 나타나는 그 자신의 개인적인 운명과 공적인 운명의 통합에 이르기까지, 루소의 『고백록』*Confessions*으로부터 니체의 "왜 나는 하나의 운명인가"에 이르기까지, 그리고 키르케고르와 레기네Regine*의 고뇌들로부터 성욕과 자살의 유혹에 맞선 비트겐슈타인의 투쟁에 이르기까지, 반철학자는 자신의 사유를 노출하기 위해 몸소 공개적인 무대에 오른다. 왜일까? 과학의 통제된 익명성과 달리, 그리고 보편의 이름을 참칭하여 말하는 철학에 반하여, 반철학적 행위는 어떤 전례나 보증도 없이 오로지 그 행위 자체와 효과들만을 가치의 증거로 삼기 때문이다.

따라서 반철학자는 필연적으로 **자신의 고유한 이름으로**

---

* 레기네 올센Regine Olsen, 한때 키르케고르의 약혼녀. 키르케고르는 그녀와 파혼하게 되지만 레기네는 그의 저작에 상당한 영향을 미침.

말하며, 이 "고유한"이라는 말이 자신의 말에 대한 진정한 증명임을 보여주어야 한다. 실제로 반철학자의 행위에는 이 행위에 내재하는 것 외에 어떠한 정당화나 보상도 있을 수 없는데, 왜냐하면 반철학자는 이 행위가 이론적인 차원에서 정당화될 수 있음을 부인하기 때문이다. 게다가 비트겐슈타인은 **모든** 참된 행위를 다음과 같이 이해한다. "일종의 윤리적 보상과 윤리적 처벌이 실제로 있어야 하지만, 그런 보상과 처벌은 그 행위 자체로 존재해야 한다."(『논고』, 6.422) 전기적傳記的 충동, 고백의 취향, 그리고 결국 너무나 확연히 드러나며 모든 반철학자들의 "작가적" 문체를 지배하는 일종의 심취(그들의 명단을 읽어 보라, 언어의 대가가 아닌 사람을 단 한 사람이라도 찾을 수 있는지)가 수천 년간의 철학에 맞서 단 하나뿐인 자신의 고유한 이름으로 능동적 단절을 언명하고 이를 실행해야 하는 가장 내밀한 반철학적 확실성의 필연적 귀결이다. 이러한 귀결은 성마른 철학자가 가령 당장 "모두 미쳤어!"라는 절규로 바꿔 적을 수도 있는 어떤 것으로, 라캉이 자기 당직실 벽에 써놓았다는 "미치고 싶다고 누구나 미칠 수 있는 것은 아니다"라는 문장과 상충한다는 점만 아니라면 전혀 근거가 없는 것은 아니다. 어쨌든 이런 주관적인 표명들을 통해서 우리는 여전히 비트겐슈타인과 니체에게 공통적으로 나타나는 "진리의 일부"를 발견하게 된다.

그러나 현실의 전개는 매우 다르고 심지어 상반된 것이기도 한데, 이는 한 사람[비트겐슈타인]의 "기독교"가 다른 한 사람[니체]이 사제와 관련된 모든 것을 망치로 분쇄해야 한다고 말하는 바로 그 행위를 지칭할 수 있다는 점을 명확히 해준다. 그리고 비트겐슈타인의 분쇄에 있어, 1918년에 포로가 된 그는 한 친구에게 이렇게 털어놓았다. "나는 사제가 되는 편을 원하지만, 학교 선생이 되면 아이들과 함께 복음서를 읽을 수 있겠지."

니체가 자신의 원元정치적archi-politique 행위의 가치가 선Bien과 악Mal 너머에 위치함을 주장할 수 있다고 믿었던 데 반해, 비트겐슈타인이 공표한 원元미학적archi-esthétique 행위는 말할 수 없는 것의 영역을 통해서라 할지라도 가치들의 결합을 통해 규범화된 채로 남는다. 확실히 선과 악을 말하는 것은(또는 기독교를 말하거나 미美를 말하는 것은) 배제된다. "분명 윤리는 진술될 수 있는 것이 아니다."(『논고』, 6.421) 그러나 오로지 침묵에 의존하는 어떤 것에 대한 선과 악의 동시적 귀속은 우리의 영혼을 항시적인 극장으로, 다시 말해 개념이 결여된 채로 성스러움과 비천함, 아름다운 삶과 자살 사이에 유효한 균형이 일어나는 실재적인 장소로 삼는다. 허용 가능한 명제 없이 오직 그 행위만이 해결할 수 있는 질문은 바로 이런 것이다. 왜 차라리 자살이 아니라 기독교를 선택하는가? 왜 차라리 삶이나 의미의 종말과 동일한 세계의 종말이 아니라 신Dieu이라는 이름을 지닌 세계의 의미를 선택하는가? 니체에 대한 대립을 이해하는 데 결정적으로 중요한 사항은 죽음이 신과 마찬가지로 세계의 외부에 있다는 점이다. "우리가 죽음을 맞을 때, 세계는 변화하는 것이 아니라 중지되는 것이다."(『논고』, 6.431) 혹은, 6.4311을 통해 좀 더 정확하게 말하자면, **"죽음은 삶의 사건이 아니다."** 원미학적 행위는 죽음에 반대하여 신을 도입하는 행위이다.

니체의 경우, **신은 죽음의 편에 있다**. 원정치적 행위는 신Dieu에 반대하여 삶Vie을 도입하는 것이다. 이러한 자리바꿈은 전적으로 비트겐슈타인의 존재론이 세계 바깥에 있는 세계의 의미(또는 주관적 전체성의 의미—이 둘은 같은 것이다)를 인정한다는 점에 의거한다. 그에 반해 니체에게는 삶의 전체Tout 바깥에는 아무것도 없을뿐더러, 그 전체성의 의미 곧 삶의 의미 또한 **존재하지 않는다**. 요컨대 "삶의 가치는 평가될 수 없다."

그들의 반철학적 행위의 숭고함에 따라 살겠다는 목적으로, 니체와 비트겐슈타인은 둘 다 절대적으로 고독에 전념했으며, 둘 다 그 고독을 **보여주고***montrer* 싶어 했다. 그러나 그들은 이와 관련하여 서로 반대 방향으로 일한다. 전자는 평가 불능한 긍정의 신성함을 보여준다. 후자는 "신비한 요소"l'élément mystique를 위해 말할 수 없는 것과 수치스러운 죽음의 권위를 단념하는 자의 신성함을 드러낸다.

비트겐슈타인의 미학적 "기독교"를 지탱하는 두 번째 버팀목—말할 수 있는 것에 대한 악착스런 해명, 비사유의 숭고한 힘들에 대한 "사유의 편"에서의 작업—에 관하여, 우리는 그가 매우 특수한 일군의 논리·수학적 자료를 끊임없이 재검토하는 데 자기 삶의 본질적인 부분을 바쳤다는 것을 안다. 왜냐하면 이러한 자료가 바로 말하기에 접근할 수 있는 수단이기 때문이다. 또한 비트겐슈타인은 화려한 "달변가"이자 수다스럽고 냉소적이며 폭력적인 교사이다. 이런 측면을 다루기에 앞서, 두 가지 주목할 사항이 있다.

1. 비트겐슈타인에게 가장 중요한 것은 이런 작업이 아니다. 왜냐하면 가장 중요한 것은 행위 자체라기보다는 그 신비한 요소의 이편에, 즉 그 행위의 "노선"tracé이 우리에게 드러내는 것의 이편에 위치한 어떤 것에 대한 영원히 완

성되지 않을 기술記述이기 때문이다. 비트겐슈타인이 1919년에 피커Ludwig von Ficker에게 보낸 편지에서 『논고』에 관해 "내 책에서 나는 말하지 않음으로써 모든 것을 원래 귀속되는 장소로 확실하게 되돌리는 데 성공했다"라고 쓴 것을 결코 잊지 말도록 하자.

2. 세계에 대한 이론과 또한 이에 따라 명제에 대한 이론은 (하나의 명제는 오로지 세계 내적인 "사태"état de choses를 기록함으로써 의미를 가지며, 결과적으로 『논고』 5.6에서 말하는 것처럼 "나의 언어의 한계는 나의 세계의 한계를 의미"하기에) 비트겐슈타인의 책 대부분을 채우고 있다. 그러나 이 두 이론은 그것들을 가로지르는 다음과 같은 유효한 질문을 빠트리고서는 이해할 수 없다. 우리가 침묵 속에서 세계의 신성한 의미에 부합하는 일을 실행에 옮길 수 있으려면, 세계는 어떤 세계여야 하는가? 이 질문 하나만으로 비트겐슈타인의 존재론에서 존재에 대한 사유와 말하기에 대한 사유가 분리될 수 없다는 점이 분명해진다. 이 질문은 또한 비트겐슈타인의 기획을 "관념론"과 "유물론" 사이에 위치시키는데, 왜냐하면 세계의 구성과 그 구성을 말하는 명제들의 구성을 **동시적으로** 파악하는 일이란 존재에 대해 말할 수 있는 것과 말할 수 없는 것 사이를 가르는 분할의 선을 긋는

일에 다름 아니기 때문이다. 『논고』 5.64에서 “유아론唯我論, solipsism은, 엄격하게 전개될 때, 순수한 실재론réalisme과 일치한다”고 한 비트겐슈타인의 주장에는 어떠한 모순도 없다.

4

학자들은 모든 측면에서 비트겐슈타인이 자기 저작의 "두 번째" 부분(실제로는 저서로 남겨지지 **않은** 부분)에서 『논고』의 존재론적 구성을 폐기했다는 사실에 기뻐한다. 하지만 그 신비한 요소의 지상권souveraineté을 **가능하게 만들기** 위한 비트겐슈타인의 급진적인 시도가 자리 잡아야 할 곳은 바로 이 존재론적 구성이다.

따라서 우리는 그의 존재론적 구성에 관여해야 하는데, 이는 우리가 문법적 평가와 분석적 평가, 즉 "언어적 전회"와 여타의 대학에서의 주석으로 인해 결국 비트겐슈타인의 시도가 실체substance와 세계monde에 대한 교설을 공리적으로 정초하는 매우 드문 동시대적 시도라는 견해에서 멀어지게 되었기 때문이다. (비트겐슈타인의 번민이 어떤 것인지, 교수직에 대한 그의 한없는 경멸에 대해, 나아가 교수직에 만족하는 자신에 대한 수치심에 대해 생각해 보라! 위고Victor-Marie Hugo의 시집 『징벌』*Les Châtiments*에서 위대한 황제[나폴레옹 1세]가 나폴레옹 3세에 의해 승계된다는 사실을 알 때 그런 것처럼 비트겐슈타인 역시 징벌을 받은 것이다.)

비트겐슈타인의 존재론적 구성이 "있는 것"ce qui est과

"말해진 것"ce qui est dit 사이에서 일종의 긴밀한 왕복운동을 실행한다는 점은 그가 추구하는 목적에 부합한다. 요컨대, 과학적 명제들로 제한된 공간에 반대되는, 스스로 드러나되 말해지지 않는 신비한 요소의 중시valoirisation라는 목적에 말이다. 의심의 여지없이 존재에 관한 논제들과 명제에 관한 논제들 사이에는 서로 반영적인spéculaire 본성의 관계가 있다. 이 관계는 공리적으로 도입된 그림이라는 개념 안에 포함된다. "우리는 스스로 사실들의 그림tableaux* 을 그린다."(『논고』, 2.1) 이 그림은 언어적이다. 그러나 궁극적으로 "더 높고" 진정한 가치를 지닌 것은 그림에 관한 것이 **아니다**. 존재의 가장 "참된" 지점은 세계와 언어의 존재론을 구성하는 반영적 관계에 사로잡히지 않는다. 그 지점을 포착할 수 있는 곳은 바로 [평범한] 사물un chose이 아닌 [비범한] "어떤 것"quelque chose이 이 관계의 **잔여**로 나타나는 그곳이다.

이 "잔여"라는 관념idée은 모든 반철학에서 발견할 수 있으며, 반철학이 매우 촘촘한 관계의 그물망을 구성하는 목

* 'Bilder'의 번역어. 사실의 모사를 말하며 일반적으로 '상'像으로 번역되기도 한다.

적은 오로지 불완전함을 추적하고 잔여를 행위를 통한 파악에 노출시키는 것이다. 그리고 반철학은 바로 여기에서 철학을 쫓아낸다. 철학의 이론적 야망에 결여된 어떤 것을, 결국 실재에 다름 아닌 어떤 것을 철학에 **보여줌으로써** *montrant* 말이다. 그래서 니체에게 삶은 모든 평가 규약의 잔여로 나타난다. 파스칼에게 [신의] 자비Charité는 이성의 질서에서 전적으로 벗어난 것이고, 루소에게 양심의 소리는 계몽Lumières의 설교에서 벗어난 것이며, 키르케고르에게 실존은 헤겔적 종합에서 벗어난 것이다. 그리고 라캉에게, 우리가 잘 알고 있는 것처럼, 철학자는 주이상스[향유]jouissance와 나란히 붙어 있는 사물[물 자체]Chose에 대해 알 수 없으며 알고자 하지도 않는다. 남은 문제는 반철학자가 이 실재로부터 경악스러운 사라짐 외에 다른 무언가를 제시하는지, [혹은] 마치 클로델Paul Claudel에게 여성이 그런 것처럼 그의 행위가 지켜질 수 없는 약속은 아닌지 알아보는 것이다. 이 모든 이야기에서 여성이 관건이 아닌 한 철학에 여성에 관해 이야기하고자 하는 의도가 전혀 없다는 점에 즉각 동의하기는 하겠지만, 이에 관해 우리는 오늘날 여성에게 반철학이—라캉을 제외하고—그녀의 정체성을 식별하지 않은 채 고정시키는 일련의 명사들(민음, 불안, 삶, 침묵, 주이상스…) 안에 배치되어 사라지는 것 이상의 효과가 있었는지 의아해할 것이다. 반철학자는 철학자의 면전에서 이 사안에 관해 과학에 충성스럽게 길들여진 철학자가 사유의 책략으로 봉쇄하려 하는 여성성의 유령fantôme du féminin을 흔들어 댄다. 이는 모든 반철학자들을 특징짓는 두드러진 여성 혐오를 어느 정도 설명해 준다. 한마디로 반철학자는 무의식의 여성을 오로지 철학자들의 두꺼운 목에 투우용 창을 꽂는 용도로 이용할 뿐이다. 결국 관건은 "남자들 사이"에서 오가는 논쟁인 것이다. 여성에 대한 노골적인 선언에 있어 파스칼(그가 자신의 누이 말고 다른 여성을 언급한 적이 있던가?), 루소(『에밀』*Émile*에 나오는 소피!), 키르케고르(결혼에 대한 신경증!), 니체(그 이야기는 꺼내지도 말자), 혹은 비트겐슈타인(이 사안에 있어 절반의 동성애에 대해 절반의 솔직함을 지닌)보다 더 혐오스러운 사람들을 본 적이 있던가? 철학적 이론들의 실재적 잔여를 욕망의 관점에서 그리고 여성성의 편에서 추구해야 한다면, 이런 잔여에 정해진 운명은 확실히 그 철학자의 이름이 차라리 플라톤이나 데카르트나 헤겔일 때 더 부러울 것이다. 여성과의 관계에 대해 구별적인 기준을 만들 수 있다는 의미에서, 여성 혐오가 더 노골적일수록 우리는 반철학에 더 가까이 다가선다. 이는 여성들에 관해 머리칼이 쭈뼛 설 정도로 경악스런 발언을 했던 칸트Immanuel Kant의 경우에 대해 해명해 주며, 이로부터 그 음흉한 의도는 반철학 자체에 철학적 형식을 부여하는 것이라고 간단히 요약할 수 있을 것으로 여겨진다. 요컨대 철학적 야망이 허공을 휘젓는 일일 뿐임을 철학적으로 드러내며, 의심의 여지없이 몰沒철학적인a-philosophique 윤리적 행위를 인식의 현상적 비천함에 견주어 숭고화하는 것이라는 말이다. 그로부터 추론되는 귀결은, 칸트에게 잔여는 "본체"[예지체]noumène라는 이름을 가지기에, 칸트적 욕망이란 언제나 본체적 대상에 호소한다는 점이다. 비트겐슈타인의 언어로 말하자면, "여성"은 우리가 말할 수 없는 그 무엇이며, 따라서 말하지 말아야 할 그 무엇이다.

5

스피노자와 마찬가지로 비트겐슈타인에게 "거기 있음" il y a의 원초적 이름은 실체substance이다. [하지만] 둘 사이의 유사점은 거기에서 끝나는데, 왜냐하면 비트겐슈타인이 실체를 "원자화"하기 때문이다. 확실히 실체는 대상들로 이루어지며, 대상의 근본적인 특징(『논고』, 2.02)은 절대적으로 **단순하다는** 것이다.

즉각 두 가지 사항에 주목하지 않을 수 없다.

1. 실체는 존재의 이름이며 따라서 "거기 있음"의 이름이다. 그것은 세계의 이름도 아니고 거기 있는 **어떤 것**(또는 일어나는 것)의 이름도 **아니다**. 『논고』의 진술 2.024는 정확히 "실체는 일어나는 것과 독립적으로 실존하는 것이다"라고 말한다. 반면 유명한 진술 1은 "세계는 일어나는 모든 것이다"라고 말한다. 따라서 우리는 "실재적"réelle 실존 혹은 실체라는 이름을 갖는 존재와, "우유적"偶有的, occasionelle 실존 혹은 세계라는 이름을 갖는 "일어나는 것"을 구별해야만 한다. 또한 우리는 하나의 세계란 어떤 **영원한***éternel* 존재의 **사건적***événementielle* 실현이라고 말할 것이다. 중요한 존재론적 문제—"가능" 세계들(신적 지성 안에 내포되며 따라서

영원히 실존하는 세계들)로부터 "현실" 세계로의 이행이라는 라이프니츠적 문제와 매우 유사한—는 세계와 실체 사이에 어떤 상관관계가 실존하는지 아는 것이다.

2. 실체를 구성하는 대상들 혹은 원자들은 즉시 우리를 사유가 마주치는 "잔여"의 주변으로 인도한다. 추정컨대 고립되어 있는 대상 그 자체는 사유 불가능하다. 사유 가능한 것은 오로지 여러 대상들 간의 연관liaison이며, 이는 **사태***état de choses*를 지칭한다. 그러므로 대상이란 그저 연관 혹은 사태가 가능하기 위해 가정해야 할 어떤 것일 뿐이다. 이에 따라 『논고』의 2.0121에서 말하듯이, "우리는 어떠한 대상도 다른 대상들과의 연관 바깥에서 사유할 수 없다. 만일 내가 사태 연관을 통해 대상을 상상할 수 있다면, 이 연관의 가능성 바깥에서는 대상을 사유할 수 없다." 이 경우 중요한 존재론적 문제는, 만일 대상 그 자체가 사유 불가능한 것이라면, 무엇이 다수의 대상들을 사유에 **노출시키는지** 결정하는 것이다. 다시 말해, 대상의 개별성에 대한 어떠한 이해도 불가능하다면, 어떻게 우리는 하나의 사태(하나의 관계)가 연관을 맺는 다수의 대상들을 지칭하는지 알 수 있는가?

이 두 번째 문제가 첨예함을 더할수록 비트겐슈타인

은 라이프니츠Gottfried Wilhelm Leibniz와 더욱 거리를 두고 대상들을, 즉 모든 사태를 지탱하는 단순한 원자들을 식별할 수 없다고 주장한다. "논리적으로 동일한 형식을 지닌 두 대상은, 그것들의 외적 속성을 제외한다면, 오로지 그것들이 서로 다르다는 점에서 구별될 뿐이다."(『논고』, 2.0233) 이것은 라이프니츠의 "식별 불가능성의 원리" principe des indiscernables*를 예컨대 루크레티우스의 원자론의 경우보다 훨씬 더 과격하게 위반하는 것이다. 실제로 루크레티우스의 경우에는 "거기 있음"을 구조화하는 본질적인 질적 차이(공백과 원자들 간의 차이) 외에도 형식에 결부되어 있는 "유형"의 차이가 원자들 자체 가운데 실존한다고 말한다. 반면 비트겐슈타인의 실체, 즉 존재의 영원한 형식은 동등하게 사유 불가능한 대상들의 우연적인 병치 juxtaposition일 뿐이다.

이 두 가지 존재론적 문제(실체적 존재와 세계의 사건성 사이의 관계라는 문제, 다수의 요소들이 사유 불가능하고 식별 불가능할 때 그런 다수에 접근하는 문제)는 오로지 우리가 언어

* 달리 말해, 식별 불가능자 동일성의 원리. 두 사물의 모든 성질이 동일하다면, 그 둘은 동일한 대상이라는 원리.

적 반영 "쪽으로", 존재하는 것에 대해서 우리가 우리 스스로에게 형성한 그림 쪽으로 이동할 경우에만 해결할 수 있는 것이다.

핵심적인 논점은 사유될 수도 기술될 수도 없는 대상들이 그림으로, 혹은 그림과 동일한 것에 해당하는 명제로 **재현된다** *représentés**는 점이다. "재현된다"는 말의 의미는 하나의 연관 혹은 사태에 관여하는 것으로서의 한 대상에 **하나의 이름**이 대응한다는 것이다. 진술 2.13에 따르면, "그림의 요소는 그림 안에 있는 대상에 대응한다." 진술 3.22(그림의 언어적 본성만을 명시하는)에 따르면, "명제 안에서 이름은 대상을 대표한다representant."

따라서 사유 불가능한 대상들에 대한 우리의 접근은 명명命名, nomination을 통해 이루어진다. 우리는 명명이란 명제도 기술記述, description도 아니며, 결과적으로 사유가 아니라는 점에 유의할 것이다. 명명은 단지 그림 속에서 대상에 대응하는 "요소"를 고정시킬 뿐이며, 그로부터 대상에 대한 사유가 아니라 대상들의 연관에 대한 사유를 가능하게 한다. "나는 오직 대상들을 명명할 수 있을 뿐이다. 대상

* 'representer'는 '대표하다', '표상하다', '재현하다'의 의미를 지닌다.

들은 기호들에 의해 표상된다. 나는 오로지 대상에 관해 말할 수 있을 뿐이며, 대상을 언명할 수 없다. 명제는 단지 사물들이 어떻게 배치되는지 말할 수 있을 뿐, 그것이 무엇인지 말할 수 없다."(『논고』, 3.221)

반대로, 대상들의 조합 즉 사태는 그림 속에서 (여러 개의 이름들을 조합한 명제에 의해서) 기술될 수 있지만, 명명될 수는 없다. "우리는 상황situations을 기술할 수 있지만 명명할 수는 없다."(『논고』, 3.144)

명명(기호에 의한 대상의 사유 없는 재현)과 **기술**(명제를 이루는 대상들의 연관을 나타내는 그림) 사이에서 드러나는 이러한 대립은 완전히 이접적離接的이다. 말하자면, 명명될 수 있는 것(실체적인 원자적 대상)은 기술될 수 없으며, 기술될 수 있는 것(대상들의 조합 즉 사태)은 명명될 수 없다. 이는 또 다른 이접의 언어-존재론적ontologico-langagière 하부구조인데, 그 하부구조는 우리에게 신비한 요소를 드러내며, 나타내기 혹은 "보여주기"를 말하기에 대립시킨다. "보여줄 수 있는 것은 말해질 수 없다."(『논고』, 4.1212)

그런데 사태état de choses란 정확히 무엇인가? 그 은유는 연결accrochage이라는 고전적인 원자론적 주제와 연쇄chaîne라는 언어적 주제를 조합한다. "사태 내에서 대상들은 사슬의 고리들처럼 서로 연결된다."(『논고』, 2.03) 핵심적인 것은 사태가 반드시 세계(일어나는 모든 것의 사건적 집합으로서의 세계) 내에서 포착되지는 않는다는 점을 정확히 이해하는 것이다. 사태는 실체의 **가능성**이며, 영속적으로 "존재하는" 다수적 연관이다. 이 가능성들 중 **어떤 것**은 세계 내에 실존한다. 일단 이런 가능성을 구성하는 대상이 이름에 의해 재현된다면, 대상들의 연관 즉 사태는 명제에 의해 재현된다. 대상들의 연관(실체 "안"에 있지만 반드시 세계 내에 실존하지는[일어나지는] 않는)을 기입하는 이 명제는 원자명제[요소명제]proposition atomique*라고 불릴 것이다. 원자명제는 존재와 그림 사이의 관계에, 그리고 최종적으로 실체와 세계 사이의 연결에 관련되어 있는 모든 문제를 집결시킨다. 관건은 의미와 진리의 문제일 것이다.

---

* '요소명제' 혹은 'Elementarsatz'는 비트겐슈타인의 용어인데, 이는 러셀의 언어적 원자론에서 'amtomic proposition'으로 지칭되며, 참이나 거짓으로 귀착되거나 혹은 더 이상 단순한 명제로 분해할 수 없는 명제를 일컫는다. 바디우는 아마도 '원자론'이라는 테마와 관련하여 자신이 사용한 프랑스어 판을 따라서 'proposition atomique'라는 용어를 사용하는 것으로 보이며, 이 번역에서는 프랑스어 번역을 따라서 원자명제로 표기한다.

6

우선, 가능한 사태를 기술하는 명제가 어떤 이유로 "원자적"[요소적]이라고 말해지는가? 그 이유는 사태들 각각이 엄격하게 독립적이고, 그 자체로 닫혀 있으며, 관계를 맺지 않는 다수성들이기 때문이다. 아마도 가장 중요한 존재론적 진술은 바로 "사태들은 상호 독립적이다"(『논고』, 2.061)라는 진술일 것이다. 대상들에 관한 원초적인 원자론이 "단순"한 반면, 사태들에 관한 이차적인 원자론은 상당히 복잡하기는 하나 어쨌든 그런 사태들 간에는 아무런 연관관계도 없다. 따라서 사태의 그림을 그려 내는 명제는 당연히 원자명제로 간주된다.

가능한 사태의 기술로서(즉 그림으로서), 원자명제는—물론 우리가 그 안에 등장하는 대상들의 이름을 확인한다는 조건 아래(그러나 이는 그다지 명료한 사안은 아니다)—**즉각** 이해될 수 있다. 요컨대 원자명제는 **의미**를 갖는다. 까다로운 문제는 의미가 **세계에 대한 경험의 범주가 아니라는** 점을 제대로 이해하는 것이다. 실제로, 가능한 사태를 (따라서 실체 내적인intra-substantielle 연관을) 기술하는 명제가 의미를 얻기 위해서 반드시 그 사태가 "실존"해야만(일어나야만) 하는 것은 아니다. 의미는 (영원한) 존재의 범주이다. 이로부터 우리는 어떤 명제를 진정으로 이해한다는 단순한 사실로부터 그 명제가 "존재하는" 사태의 그림을 그려 낸다는 귀결을, 즉 가능한 것의 실체적 가치 안에 영속적으로 붙들려 있는 것 혹은 달리 말해 일어날 **수 있는** 것의 그림을 그려 낸다는 귀결을 추론해 낼 수 있다. 이것은 진술 2.203* 의 "그림은 그것이 제시하는 상황의 가능성을 포함한다"는 주장을 통해 『논고』에서 일찌감치 강조된다. 그렇다면 사유는 의미가 부여된 명제 이외에 다른 것이 아니라는 점을 기억할 때, 다음 진술을 같은 방식으로 이해할 수 있다. "사유는 사유의 대상이 되는 상황의 가능성을 포함한다. 사유할 수 있는 것은 또한 가능한 것이기도 하다."(『논고』, 3.02) [여기에서] 이 가능성은 명제가 기술하는(말하자면 그림에서 제시된) 사태의 형식 아래 의미의 존재에 대한 토대를 구성한다. "그림이 제시하는 것은 그것의 의미이다."(『논고』, 2.221)

마지막으로, 가능한 것의 특수한 사례는 현실réalité이다.

---

* 원서에는 2.202로 표기되어 있으나 2.203으로 정정한다. 진술 2.202는 "그림은 가능한 상황을 논리공간 안에 나타낸다"이다.

즉, 어떤 사태가 "일어나고" 그래서 그것이 세계의 일부분이라면, 그것은 확실히 가능한 것이다. 세계의 현실을 분유하는 사태를 기술하는 원자명제는 **참**이라고 말해질 것이다. 만일 어떤 원자명제가 아무것도 기술하지 않는 것이 아니라—이런 경우라면 그 명제는 어떤 의미도 갖지 않을 것이다—(실체적으로는) 존재하지만 그럼에도 일어나지 않는 (즉, 세계의 사태로 실존하지 않는) 어떤 사태를 기술한다면, 그 명제는 거짓이라고 말해질 것이다.

원자명제의 견해에 응축된 비트겐슈타인의 존재론은 잠재성le virtuel의 존재론이다. 단순하고 식별 불가능한 대상으로 구성된 실체로서의 "거기 있음"의 존재는 세계로서—앞으로 보겠지만, 주체sujet로서—실존하도록exister(외존하도록ek-sister) 강요되지 않는다. 그 존재가 세계에 관해 비실존으로 물러서 있다 하더라도, 하나의 사태(대상들로 연결된 다수)는 그림 위에서 재현 가능하며, 결과적으로 의미가 부여된 명제의 형식으로 사유될 수 있다. 이 명제가 참이 된다는 것, 즉 "확인된다"avérée는 말이 의미하는 바는 단지 그 명제가 기술하는 사태가 "일어난다"는 것일 뿐이다. 그러나 결국 이 진리는—완전하게 존재론적인 관점에서—별다른 차이를 만들지 않는데, 어떤 사태가 "일어난다"는 사실은 **엄격하게 우연적이기** 때문이다. 실존하는 세계가 가능한 세계들 중 가장 훌륭한 세계라고 본 라이프니츠의 경우와는 반대로, 비트겐슈타인에게 세계(혹은 주체—이 둘은 동일한 것이다)는 세계의 실체적 토대와 오직 우연적인 관계를 유지할 뿐이다. 존재는 세계로서 일어나는 것과 무관하다. "일어나는 모든 것과 이러저러하게 존재하는 모든 것은 우연적이다."(『논고』, 6.41) 비트겐슈타인은 식별 불가능성의 원리에 반대하는 만큼이나 충족이유의 원리principe de raison suffisante에도 반대한다. 우리가 아는 바대로 라이프니츠는 그 원리를 다음과 같이 주장한다(「클라크에 대한 다섯번째 서면 응답」). "사물의 본성이란 모든 사건에는 그 사건에 선행하는 조건들, 필요요건들, 적합한 배치들이 있으며, 이런 것들의 실존이 그 사건에 충족이유가 된다는 것이다." 비트겐슈타인의 관점에서, 어떠한 사건도 (그리고 세계란 오로지 사건들에 지나지 않는데) 그것의 실체적인 가능존재être-possible에 우선적으로 결부되는 어떠한 최소한도의 충족이유도 갖지 않는다.

비트겐슈타인은 가장 탁월한 반철학적 양식으로 의미와 진리에 귀속된 고전적 가치들의 전도轉倒, inversion를 실행한다. 실제로 우리는 별다른 어려움 없이 의미란 경험과 규약의 문제인 반면 존재로서의 존재에 결부되어 있는 진리는 오로지 현세적 증여la donation mondaine 너머에서 발견된다고 생각할 수 있다. 이것이 바로 철학이 "영원한 진리들"에 천착하는 이유이다. 하지만 비트겐슈타인은 영원성을 (실체적 상태들에 대한 명제적 그림으로서의) 의미에 귀속시키며 진리에 대한 엄격하게 경험론적이며 우연적인 교설을 펼쳐 낸다.

실제로 명제는 오로지 "일어나는" 사태 즉 세계의 상태를 기술하는 한에서만 참이며, 사건들의 집합으로서의 세계가 우연성에 넘겨지는 이상 원자명제가 참임을 검증할 수 있는 방법은 원자명제를 현실réalité과, 즉 "그것이 일어났다"는 것을 확인할 수 있는 사실과 비교하는 길밖에 없다. "그림이 참인지 거짓인지 알기 위해서는 그것을 현실과 대조해야 한다."(『논고』, 2.223) 진리는 단지 경험적 검증의 문제일 뿐이다. 반면에 가능적 다수들possibles-multiples 즉 대상들을 맺는 연관들의 실체적 영원성에 뿌리를 둔 의미는 명제의 구조 자체에서, 다시 말해 우리가 명제를 모든 외부적 검증과는 별개로 이해한다는 직접적 사실에서 읽어 낼 수 있다. 분명한 것은, 비록 상이한 수단들과 대조적인 전략들에 따른 것이기는 하지만, 비트겐슈타인도 니체를 좇아 의미를 위해서 진리를 폐기하고자 하는 20세기의 강력한 경향에 동참한다는 점이다. 앞으로 확인하게 되겠지만, 이런 경향에 활기를 불어넣는 행위가 바로 그 자체를 반철학으로 표명하는 것이다.

7

이제 분명하게 반철학에 이르는 이 구조물을 종합하며, 동시에 철학적 저항의 정신으로 고무되어 비트겐슈타인과 우리의 거리를 혹은 적어도 비트겐슈타인이 우리에게 제시하는 위험을 드러낼 시간이 되었다.

물론 모든 관건은 사유와 비사유의 경계선에 걸리게 되는데, 이는 비트겐슈타인의 전략적 목적이 사유로부터 실재하는 것(더 높은 것, 신비한 요소)을 빼내어 그 관리를 우리의 삶이 성스럽고 아름다운지 여부를 결정하는 행위에 위임하는 데 있기 때문이다.

비트겐슈타인은 자신의 목적을 달성하기 위해 사유에 관해 유난히 협소한 정의를 부여해야 하는데, 이는 첫눈에 보기에도 충격적인 점이다. 사유란 의미가 주어진 명제이며, 의미를 지닌 명제는 사태의 그림 즉 기술記述이다. 그 결과는 비사유의 상당한 확대인데, 이는 철학자가 보기에 수용할 수 없는 귀결이다.

우선 비사유에는 단순한 대상들에 대한 명명이라는 최초의 작용이 있다. 이 사안에 관해서 비트겐슈타인의 반철학적 목표는 매우 분명하다. 만일 대상의 이름이 사유를 포함한다면, 실체의 내적 구성에 대한 **언어적인 동시에 사유하는** 관계가 있을 것이며, 이는 결국 말 없는 행위 l'acte silencieux의 필요성을 약화시킬 것이다.

적어도 [플라톤의 대화편] 『크라틸로스』 이래 철학에서 강렬한 논쟁의 주제가 되어 왔던 이러한 이름의 문제*에 관해 비트겐슈타인은 해명하지 않는다. 우리가 잘 아는 그대로, 이름은 명제 가운데 그 이름을 담고 있는 명제가 기술하는 사태 안에서 연결된 대상들을 재현한다. 그러나 우리가 알지 못하는 것은 **어떻게 대상들의 사유 불가능한 차이가 이름이 증명하는 차이에 의해 재현되는가 하는 점이다**. 여기서 대상들로 이루어진 다수(실체의 측면)과 이름들로 이루어진 다수(명제 혹은 그림의 측면)를 마주보게 하는 반영적 구조물에 균열이 삽입된다. 만일 대상이 라이프니츠의 식

---

* 『크라틸로스』 편에서 중요한 문제는 하나의 이름 혹은 단어가 어떤 주어진 사물을 명명하는 데 정확한 이름이라면 그 정확성을 담보하는 것은 무엇인지 묻는 것이다. 이 대화편에는 이에 관해 자연의 본성에 따른다는 주장과 공동체의 규약에 따른다는 두 가지 주장이 등장한다. 하지만 소크라테스는 다양한 어원론적 지식을 동원해 이에 관해 검토한 이후 이름의 지식은 중요하지 않으며, 진리를 알기 위해서는 언어 이면에 있는 사물 자체의 변치 않는 본성을 탐구해야 한다는 결론에 이른다. 그리고 여기에서 플라톤의 형상 이론이 등장한다.

별 불가능성의 원리를 위반한다면, 어째서 대상의 기호일 뿐인 이름은 이 원리를 준수하는가? 왜냐하면 동음이의同音異義 관계가 아무리 확장된다 하더라도 두 개의 식별 불가능한 이름은 궁극적으로 **동일한 것**이기 때문이다. 이름은 대상과는 반대로 외적 관계에 의해 식별되지 않는다. 이름은 조밀한 내적 동일성을 갖는다.

결과적으로, 우리는 명명이 그 자체로 비사유인지 의심하게 된다. 실제로 우리가 **전적으로 사유로서의 명명에 전념한다**는 주장을 제기할 수 있고 또한 그래야만 하는 언어적 실천이 존재한다. 그것은 바로 시poésie다. 실제로 시적 행위는 (기술記述을 실행함에도) 결코 기술적이지 않으며, (암시를 실행함에도) 신비한 요소에 관해 "명시적"이지 않다. 시적 행위는 오히려 언어적 전체성의 조직을 목표하며(시는 그 자체로 오로지 **하나의** 명제를 구성할 뿐이다), 이에 따라 이 전체성에 의해 존재의 현존présence-d'être이 명명되는 반면 어떠한 평범한 언어도 이 전체성을 명명하지 않는다. 시란 이전에 알려지지 않았던 존재의 이름Nom-de-l'être의 창안이다. 시의 유일한 공리는 다음과 같다. "존재를 분유하는 모든 것은 단순한 것이건 무한하게 다수적인 것이건 이름을 가진다. 난점은 이름을 창안하는 데 있다." 시가 아무런 이유도 없이 물려받은 언어로부터 유래하는 이름들 간의 **차이**라는 최대한의 자원—소리의 차이를 포함하는—을 이런 전례 없는 창안에 활용하는 것은 아니다.

만약 철학이 선언하는 그대로, 시가 하나의 사유라면, 명명은 사유 안으로 재도입되어야 한다. 그게 아니라 비트겐슈타인이 바라는 그대로, 명명이 사유가 아니라면, 시는 모든 사유 기능을 박탈당한 채 침묵의 언어적 심급에 그칠 것이다(이는 내가 보기에 받아들이기 힘든 극단적인 견해이다).

다른 한편으로, 비사유에는 불가능한 것이 등장한다. 실제로 의미가 부여된 모든 명제는, 그러니까 모든 사유는 그것이 기술하는 상태의 가능성을 즉각 입증한다. 여기서 우리는 그러한 금지의 반철학적 이점을 재차 확인한다. 요컨대 불가능한 것이 사유될 수 있다면, 사유 불가능한 것의 가능성이 보장되지 않는다는 것이다. 지금 이 사유 불가능한 것의 가능성은 반철학자에 의해 요청되는데, 이는 그가 어떤 전례 없는 행위를 통해 사유할 수 있는 것과 사유할 수 없는 것 사이에서 발견되는 경계를 뛰어넘으려 하기 때문이다. 덧붙이자면, 반철학자가 보기에 철학자의 근거 없는 이론적 가정을 구성하는 동시에 그가 자임하는 행위를 협잡으로 만드는 것은 바로 "모든 것"이 사유될 수 있다고 하는 발상인 것이다.

그러나 더 이상 불가능한 것과 불가능한 것의 사유 가능성에 관한 이 오래된 문제에서 모든 것은 더 이상 명확하지 않다. 우리는 의미가 가능한 것에 주어진다는 점을 잘 안다. 우리가 잘 알지 못하는 것은 불가능한 것이, 비록 비사유의 체제에 있기는 하지만, 무엇을 의미하는가 하는 것이다. 비트겐슈타인은 불가능한 것에 대한 사유를 금지한다기보다는 오히려 **모든 불가능한 것의 존재** *tout être de l'impossible*를 금지하는 것으로 보인다. 왜냐하면 어떤 사태가 그것이 실체적으로 존재한다는 유일한 사실로부터(이를테면 또한 원자명제에 의해 기술될 수 있다는 사실로부터) 일어날 **수 있다면**(이는 그 명제가 의미를 가지는 한 참일 **수 있음**을 의미한다), 불가능한 것은 분명히 사태로부터 재현될 수 없기 때문이다. 존재하는 것—실체—이 사태 안에서 연결된 대상들(즉 "가능한" 혹은 "불가능한"이라는 말이 의미 없는 대상들)에 의해 구성되는 이상, 불가능한 것은 없다고 해도 과언이 아니다. 혹은 달리 말해, 모든 잠재성의 존재론이 그렇듯(들뢰즈 Gilles Deleuze의 존재론도 거기에서 예외가 아니다), 불가능한 존재는 단적으로 존재가 아니다(그리고 그뿐 아니라 사유할 수 있는 존재도 아니다).

그런데, 본래적으로 불가능한 것에 어울리는 적어도 두 가지의 사유가 있는데, 그것은 바로 수학과 정치이다. 먼저 수학이 그런 이유를 말하자면, 수학의 실재는 모든 사유가 그 결정의 장에 (고유한 불가능성으로) 남기는 잔여를, 또한 무엇보다 수학 자체를 포함하여 전개되기 이전 상태에 있는 모든 사유를 문자화하기 때문이다. 예를 들어 무리수(에우독소스), 직선의 집합으로 환원되지 않는 곡선(아르키메데스), 영에 수렴하는 양量(라이프니츠와 뉴턴Isaac Newton), 식별 불가능한 수(갈루아Évariste Galois), 무한하게 큰 수[무한대](칸토어Georg Cantor), 무한하게 작은 수[무한소](로빈슨Abraham Robinson) 등에서 그런 것처럼 말이다. 다음으로, 정치는 오로지 상황의 어떤 "가능성"의 규정에 가치를 두는데, 이 가능성이란 상황의 내재적 규범이 단적인 불가능성으로 설정하는 어떤 것인 동시에 나아가 사실상 상황을 일관적으로 유지하는 데 필요한 어떤 것이다. 1793년의 국왕 처형을 생각해 볼 때(어쨌든 칸트가 명백하게 생각할 수 없는 일이라고 간주했던), 또는 1917년 혁명의 "모든 권력을 소비에트로"라는 표어나, 또는 더 약한 것이 더 강한 것을 극복할 수 있다는 본래적으로 불가능할 뿐 아니라 터무니없기조차 한 마오毛澤東의 금언을 생각해 볼 때, 그것은 명백하다.

만약 원미학적 행위라는 "연출"mise en scène의 요구가 요컨대 불가능한 것이란 사유할 수 없는 것이며 나아가 무無에 불과함을 함축한다면, 수학이나 정치는 사유와 아무런 관계도 없다는 결론을 내려야 할 것이다. 왜냐하면 수학과 정치가 사유라는 주장은 불가능성에 최소한의 존재를 허용하라고 요구하기 때문이다. 맙소사! 이것이 바로 수학과 정치에 대한 오해라는 대가를 치르며 목적이 수단을 지배하도록 하는 비트겐슈타인이 말하게 되는 것이다. 수학에 관해 그는 명시적으로 (그리고 『논고』 이후 한층 근거를 더하는 증오로) "수학적 명제는 어떠한 사유도 나타내지 않는다"고 말한다(『논고』, 6.21). 정치에 관해서는 한층 더 산만하지만 또한 전적으로 명료한 방식으로 말하는 것을 보게 될 것이다.

확실히 시뿐 아니라 수학과 정치를 아우르는 것으로 밝혀진 사유의 조건들에 입각한 철학은, "신비한 요소"의 주사위 던지기의 돌발을 위해—만일 그런 것이 가능하다면—비트겐슈타인이 비사유의 영역에 대한 예비적인 확장으로 치르게 된 과도한 대가를 식별해 낼 것이다.

결국 명명과 불가능한 것에 이은 비사유의 세 번째 형상은 무의미non-sens이다.

이 범주는 반철학의 핵심인데, 그 이유는 우리가 본 것처럼 무의미가 철학을 (꼭 그 말을 붙잡아야 한다면, 형이상학을) 비난하는 데 봉사하기 때문이다. 그렇다고 해도 이 범주는 미묘한 조작일 뿐인데, 왜냐하면 비트겐슈타인에게는 **의미의 두 체제가 있기 때문이다**. 진술 6.41을 검토해 보자.

> 세계의 의미는 오로지 세계 바깥에 존재할 뿐이다. 세계 안에서 모든 것은 존재하는 그대로 존재하며 일어나는 그대로 일어나는데, 말하자면 세계 안에는 가치가 실존하지 않는다. 그리고 설사 있다고 하더라도 그 가치는 아무런 가치도 없을 것이다.
>
> 만일 가치 있는 가치가 있다면 그것은 일어나는 모든 것의 외부에, 이러저러하게 존재하는 모든 것의 외부에 있어야 한다. 왜냐하면 일어나는 모든 것과 이러저러하게 존재하는 모든 것은 우연적이기 때문이다.
>
> 이 모든 것을 우연적이지 않게 하는 것은 세계 안에 있을 수 없는데, 만약 그렇지 않다면 그것은 그 자체로 우연적일 것이기 때문이다.
>
> 그것은 세계 바깥에 있어야 한다.

우리가 "세계의 의미"에 대해 말할 때(그리고 우리는 이런 의미의 이름이 신이라는 것을 안다), 여기서 의미란 무엇이란 말인가? 분명히 의미가 부여된 명제라는 개념에 내포된 의미와 동일한 의미는 아닐 것이다. 왜냐하면 명제는 사태를 기술하는 순간 의미를 얻기 때문이다. 하지만 모든 사태는 일어날 수 있으며, 따라서 세계 내에 실존할 수 있다는 속성을 지닌다. 결과적으로 명제의 의미는 언제나 세계 내적인 현실과 관련되며, 그래서 "있는 그대로의" 우연적인 현실과 관련될 수 있다. 이때 비트겐슈타인이 우리에게 말하는 것은 그러한 의미에는 **가치가 없다**는 점이다. 요컨대 명제가 보유하는 모든 의미에는 어떠한 가치도 없다. 게다가 이는 진술 6.4에서 이미 정립된 결과이다. "모든 명제는 동등한 가치를 지닌다." 왜냐하면 만일 명제들이 모두 동등한 가치를 지닌다면, 이는 어떤 명제에도 거기에 담긴 의미를 중시할 "특별한" 가치가 없기 때문이다.

반대로 "세계의 의미"는 더 높은 가치를 지닌다. 세계의 의미와 삶의 의미의 등가성은 더 나아가 우리에게 세계의 의미에 최상의 가치를 부여하고 그것을 신이라 명명할 수 있게 한다. 그러나 당연히 이러한 가치를 지닌 의미는 세계 내에 있을 수도 명제에 의해 말해질 수도 없다. 첨언하자면, 비트겐슈타인에게 가치라는 개념은 세계의 사건성 événementialité을 표시하는 우연성을 분명하게 배제한다. 세계 내에 있는 것은 우연적이며 그것의 의미는 가치를 결여한다. 그러나 가치를 지닌 세계의 의미는 "우연적이지 않은" 것이어야 하며, 바로 이것이 세계의 의미를 "세계 바깥에 있도록" 강제한다.

따라서 "의미"라는 말에 대한 두 가지 수용 방식을 분명하게 구분해야 한다. 가치가 결여된 (**특히 진리를, 다시 말해 "일어나는 것"을 진술하는 명제를 떠받칠 수 있기에** 가치가 결여된) 세계 내적인 의미와, **진리로부터 전적으로 격리되어 있으며** (일어나는 것과 아무런 관계도 없기에) 신이라는 궁극적인 이름을 가진 가치-의미sens-valeur를 수용하는 두 가지 방식을 말이다.

그러나 이때 두 가지 문제가 돌출한다.

- 만일 가치-의미가 세계의 의미이며, **또한** 세계 안에 의미(비록 가치가 결여되어 있지만)가 있다면, 사실상 **의미의 의미**가 있다고 인정해야 하지 않을까? 더 정확하게 말해서, 심지어 그러한 의미가 세계 내적인 의미(참=일어나는 것, 우연적인 것)를 고정하는 참된 명제

내에서 "포착"될 수 있는 이상, **진리들**의 의미가 있는 것은 아닌가? 그리고 이러한 진리들의 의미가 그 자체에 고유한 필연성(비우연적임)을 통해 진리들의 우연성을 종속시키는 것은 아닌가? 그런데 나 같은 철학자에게는 명백히 우연적인 진리들이 필연적인 의미에 포섭된다는 발상은—무엇보다, 비트겐슈타인에게 그런 것처럼, 만일 이 발상이 논증의 쟁점이 아니며 어떠한 분과의 명제들에도 종속되지 않고 순수한 침묵의 행위에 따라 결정된다면—바로 **종교적 믿음에 대한 정확한 이론적 정의**이다.

따라서 진리-의미sens-vérité를 감독하는 동시에 재평가하여 폐기하는 가치-의미sens-valeur가 "기독교"라는 이름으로 명명되는 것은 우연이 아닐 것이다. 그리고 반철학적 행위의 전례 없는 새로움은 결국 모든 철학적 시도로부터 우리를 끌어내고자 하는 그 오래된 신앙을 향한 회귀에 다름 아닐 것이다.

- 만일 "의미"라는 말에 두 가지 수용 방식이 있다면, 마찬가지로 (무의미의) 부조리에도 두 가지 수용 방식이 있어야 한다. 여기서 우리는 반철학자 비트겐슈타인에게 다음과 같이 물을 것이다. 비트겐슈타인은 그가

철학적인(형이상학적인) 질문과 명제의 지위가 무의미하다고 선언할 때 "무의미"를 어떤 의미로 파악하는가?

이 논점은 극히 복잡하게 꼬여 있다. 앞에서 우리는 비트겐슈타인에게 철학적 행위의 부조리함은 일종의 언어 능력의 강제에 의존한다고 말한 바 있다. 철학은 명제 안으로 들어갈 길이 없는 것을 명제의 형식 안에 고정시킬 수 있다고 주장한다. 그러나 이는 무엇에 관련되는가? 명백히 세계의 의미에 관한 가설들에 관련된다. 따라서 철학의 부조리함은 말할 수 없는 의미(원한다면 신이라고 불러도 좋은)를 명제적 의미의 형식으로 말해지도록 강제할 수 있다는 믿음으로부터 귀결된다고 할 수 있을 것이다. 혹은 다시 말해(이 점이 가장 중요한데), 철학은 세계 바깥에 있는 "더 높은" 의미를, 마치 그 의미가 명제로 기술할 수 있는 사태이고 그래서 진리로 받아들여질 수 있는 것처럼 제시한다고 말이다. 결국 **철학의 부조리함은 오로지 (과학적) 진리의 (신성한) 의미만이 가능할 뿐인데도, (세계의) 의미의 진리가 가능하다고 믿는 데 있다.**

이런 관점에서 "무의미"는 사실상 "의미"라는 말의 두 가지 수용 방식을 잇는 불가능한 이음매가 된다. 이는 분명히 우리를 결정적인 논점으로 되돌아가게 만든다. 이를테면, 반철학자는 말할 수 있는 의미보다 우월한, 따라서 가능한 진리들보다 우월한 (말할 수 없는) 의미를 선언하며, 철학적 행위가 이 위계를 전도시켜, 진리에 의미를 부여하기에 사실상 진리의 규칙 아래 종속될 수 없는 것을 종속시키려 한다고 고발한다.

따라서 모든 것의 중심에는 의심할 여지없이 철학자와 반철학자의 교차가, 다시 말해 의미와 진리의 관계가 있다. 이런 점에서 철학자와 반철학자는 둘 다 소피스트(후기 비트겐슈타인에게서 종종 그 모습을 볼 수 있는)와 구별되는데, 소피스트에게는,

1. 의미의 두 체제(세계의 의미와 세계 내적인 의미)가 아니라, 다의성이 지배하는 유일한 세계 내적인 공간이 있을 뿐이다.

2. 진리란 없다.

철학자는 **모든** 반철학(진리에 대한 의미의 우월함을 단정하는)의 특징으로 나타나는 “가치의 전도”에 대해서 두 가지의 반론을 제기할 것이다.

우선 철학이 의미를 진리에 "종속시킨다"는 것은 정확한 말이 아니다. 플라톤의 교설에서 진리들의 이념을 가로지르는trans-idéelle 규범으로 제시된 선의 이데아Idée du Bien라는 심오한 철학적 테제는 바로 **진리에는 어떠한 의미도 없으며**, 진리는 의미에 "구멍을 낸다"trou는 것이다. 모든 진리에 대해 의미라는 선행 조건을 요구하는 자가 바로 반철학자이다(사태를 기술하는 명제가 참이기 위해서 **우선** 명제는 의미를 지녀야 하기에 실제로 가능한 사태를 기술해야 하며, **이어서** 이 사태가 "일어난다"는 것을 확인해야 한다). 철학은 그러한 선행 조건에 따르지 않으며, 결과적으로 비트겐슈타인이 믿는 것과는 반대로, 그 철학적 형식(**테제**)은 명제의 형식이 아니다. 오히려 철학은 의미와 가장 분명하게 분리되어 있는(만일 "의미"가 사태에 대한 기술을 의미한다면) 진리의 과정들에서 차용한 자원들을 접합한다. 바로 수학(의미 없는 진리의 전형)과 시(명명되지 않는 것의 명명에 대한 사유)를 말이다.

반철학자는 오로지 진리에 관한 매우 제한적이고 불편한 교설을 꾸며 냄으로써 철학적 행위를 격하시킬 수 있기에, 그에게서 모든 가능한 사유(또는 비사유)의 자원을 발견한다는 것은 터무니없는 일로 여겨진다. 이런 태도는 이미 파스칼에게서 드러난다. 파스칼은 데카르트가 심지어 수학적인 진리들마저 해독 불가능한 신적 자유에 의지하게 하여 진리들을 철저한 의미의 부재에 넘긴다는 점을 무시하는 듯 보인다. 이는 니체에게도 잘 드러나는데, 니체는 진리의 반동적인 도덕적 "가치"를 조롱하기 위해 진리의 무차별적인 익명적 차원을 봉쇄한다. 그러나 이러한 상황에서 진리의 "가치"에 관해 사색하는 쪽은 바로 반철학자이다. 철학자는 **진리가 있다**는 사실을 견디는 것만으로도 충분하다. 그렇다, 철학적 행위는 무의미를 건드리지만, 그것은 오로지 진리들의 무의미일 뿐이다. 그리고 진리들의 무의미는 의미에 따라 결정된 채로 남기에 반철학적 행위에는 **진리가 없다**.

두 번째로, 설사 철학이 의미를 결여한 명제만을 생산한다는 비트겐슈타인의 주장에 동의한다 하더라도, 그러한 명제가 어떻게 실존할 수 있는가에 대한 설명을 요구할 수 있을 것이다. 확실한 것은 어떤 명제가 **일어나며**, 그것이 세계 안에 있다는 점이다. 비트겐슈타인이 말하듯이 "명제적 기호는 하나의 사실이다."(『논고』, 3.14) 의미를 결여한 (철학적) 명제를 어떻게 하나의 사실로 특징지어야 한단 말인가? 이와 관련하여 비트겐슈타인은 철학자들이 소피스트적인 말하기의 존재라는 미묘한 문제를 다룰 때(철학자들은 언제나 그럴 수밖에 없는데) 보여주는 조심성을 전혀 보이지 않는다. 『소피스트』에서 플라톤은 오로지 이 한 문제를 다루기 위해 매우 복잡하고 창조적인 논의를 전개한다. 우리가 반철학자에게 바라는 것은, 철학자가 순수하게 수사적인(소피스트적인) 명제의 실존을 정당하게 다룰 때 보여주는 것과 같은 정도의 열정과 창안으로 의미 없는(철학적인) 명제의 실존을 다루는 것이다. 비트겐슈타인이 보라고 가리키는 것은 무엇인가? 일상언어의 "혼동"을, 동음이의어를, 상이한 기능들 간의 간섭을, "계사繫辭로, 동일성 기호로, 존재의 표현으로 나타나는"(『논고』, 3.323) "이다"est라는 단어의 사례(철학자들이 역사의 여명에서부터 정성들여 연구했던)를 가리킨다. 이어서 그는 침착하게 결론짓는다(『논고』, 3.324). "이로부터 (철학에 넘쳐 나는) 가장 근본적인 혼동이 쉽게 만들어진다." 그러니까 의미를 결여한 명제들의 문제가 "쉬운" 문제라는 것인가?

잠시 이 "쉬운" 문제로 논의의 방향을 돌려 보자. 어떤 명제가 의미를 결여한다고 말할 때, 나는 하나의 명제를 만들어 낸다. 이 명제는 하나의 사태, 이른바 의미가 결여된 (철학적) 명제를 기술하는데, 이는 여기서 순수한 사실로 다루어진다. 이는 "의미의 결여"dénué de sens에 다음 두 가지 사항을 요구한다.

1. 이러한 사태(철학적 명제)에 귀속시킬 수 있는 즉각적으로 이해 가능한 속성이어야 한다는 것. 말하자면 의미가 없다는 사실에 어떤 의미가 있으며, "무의미"는 명제의 형식으로 사유될 수 있는 모든 것과 마찬가지로 의미의 영역에 귀속된다는 것이다.

2. "이 명제는 의미가 결여되어 있다"라는 명제를 언어적 그림으로 삼는 대상들의 연관의 실체적 가능성. 말하자면 무의미는 식별 불가능한 대상들의 단독적인 조합으로서 대상들의 영속적 존재에 뿌리내리고 있다는 것이다.

플라톤은 이런 유형의 문제들—소피스트의 모방적 말하기가 갖는 존재론적 지위에 관련되는—에 관해 본받을 만한 진지한 태도로 논의한다. 그래서 그는 비非존재의 "존재 근거"에 자리를 내주는 방식으로 자신의 존재에 관한 교설을 수정하기에 이른다.* 비트겐슈타인이 철학적 명제들에

* 플라톤의 『소피스트』 편은 소피스트가 어떤 사람인가에 대해 진행되는 엘레아로부터 온 손님과 테아이테토스의 대화로 이루어진다. 분리라는 방식으로 소피스트의 정체를 밝혀 나가던 이 두 사람의 대화는, 모방술 혹은 환영의 모상 제작술을 실행하는 자라는 소피스트의 정체를

맞서 플라톤에 비견될 만한 시도를 한다고 말하기는 어렵다. 그가 내세우는 "쉬운" 언어적 혼동은—멀찌감치 떨어져서 보자면 "일상언어 철학"의 초라함의 원인이 될 뿐 아니라—그 자신의 존재론과 일관되지도 않는다.

유일한 다른 길은—우리가 무의미의 의미에 대해, 그리고 대상들의 영속적 존재에서 무의미의 의미를 지탱하는 것이 무엇인지에 대한 엄밀한 검토에 착수하고자 하지 않는다면—철학적 명제들이 "엄격한" 무의미, 앞뒤가 맞지 않는 말들, 언어적으로 이해할 수 없는 물질적 시퀀스 séquence라고 단언하는 것이다. 따라서, 결코 명제를 만들어 내지 않는다는 의미에서, 철학은 "부조리한" 것이 아니라 무無인 것이다. 하지만 이 경우 반철학자는 철학적 행위와 관련하여 자신의 행위를 단절이자 교체로서 내세울 수

밝혀 나가는 과정에서 존재와 비존재의 난제에, 말하자면 존재하지 않는 것을 말하는 한 어떤 존재하는 것으로 말하게 되며, 그런 의미에서 존재하지 않는 것을 존재하는 것으로 말해야 하는 난제에 봉착한다. 이를 해결하기 위해 존재, 정지와 운동, 동일성과 차이라는 최고류에 관한 세심한 논의를 거쳐, 존재의 반대는 비존재가 아니며 비존재는 차이 혹은 다름이라는 결론에 도달한다. 여기에서 이 둘의 대화는, 존재하지 않는 것이 존재한다고 입증하지 못할 것이기에 사유가 이런 탐구의 길로 들어가지 않도록 하라는 파르메니데스의 금언을 위반한다(특히 『소피스트』 236d-246b 참조).

있는 모든 비판적 소재와 능력을 박탈당할 것이다. 어떻게 모든 시대에 걸쳐 사람들이 철학적 명제를 **이해해 왔는지** 이해하기가 상당히 힘들 것이라는 난점은 차치하더라도 말이다.

요컨대 비사유의 삼중적 심급(명명, 불가능한 것, 무의미)은 시, 수학소, 철학 자체라는 삼중적 실존과 충돌한다.

그렇지만 우리는 아직 비트겐슈타인이 보유한 자원을 남김없이 검토한 것이 아니다. 실제로 "세계의 의미"와 "세계 내적인 의미" 사이의 대립은 의미와 진리의 문제에 관한 철학과 반철학 간의 교착에 바탕이 되며, 존재론적으로 볼 때 "필연적인" 것과 우연적인 것 사이의 차이를 가리킨다. 그런데 설사 사태가 절대적으로 우연적인 방식으로 세계 안에 "일어난다"고 하더라도, 어쨌든 **"세계"라는 형식 자체**의 필연성의 형상이 실존한다. 그리고 이 필연성은 진리에 단순한 경험적 지위와는 다른 지위를 부여한다.

이 문제는 논리학의 문제이자 그것의 존재론적 토대에 대한 문제로서, 우리가 원자명제에 이어 복합명제를 검토하도록 요구한다. 『논고』 전체 분량의 2/3를 차지하는, 단순한 것에서 복잡한 것으로 향하는 이러한 전개는 다음과 같은 방식의 반철학적 전략에 기입되어 있다. 즉, 명제라는 형식을 취할 수 있는 우연적이지도 경험적이지도 않은 "영원한 진리들"이 있는 한(결국 그런 진리들이 실존하는데, 이를테면 논리학의 명제들이 그렇다), **이 진리들에는 어떠한 실재도 없다**. 결론적으로, 실재적인 것le réel은 명제가 아니라 행위의 영역에 속한다. 관건은 논리적 명제에 기입된 영속성의 절개切開, évidement를 통해 신비한 요소를 예비하는 것이다. 이 예비는 다음과 같은 두 진술에서 절정에 달한다.

6.1: "논리학의 명제들은 동어반복tautologie이다."
6.11: "따라서 논리학의 명제들은 아무것도 말하지 않는다."

8

복합명제proposition complexe란 무엇인가?

원자명제가 대상들의 조합(사태)을 기술하는 것인 이상, 우리는 쉽게 복합명제가 사태들의 연관을 기술한다고 상상할 수 있을 것이다. 대상이라는 단순한 단위unité에 이름이라는 단순한 단위가 대응할 것이고, 대상들의 연관(사태)에는 원자명제가 대응할 것이며, 사태들의 연관에는 여러 원자명제들을 접합하는 복합명제가 대응할 것이라고 말이다.

원자명제와 복합명제의 관계를 이름과 원자명제의 관계와 같은 것으로 놓는 이 배치의 본질적인 존재론적 난점은, 대상들이 연결된다 하더라도("외적 관계들"을 가진다 하더라도), **사태들은 그렇지 않다**는 점에 있다. 우리는 이미 사태가 절대적으로 독립적이라는 점을 살펴본 바 있다. 진술 2.062는 매우 명확하게, 심지어 "일어남"의 (즉, 세계의 존재의) 사실에 관해서도, 사태들 사이에 어떠한 관계도 없다는 점을 확인한다. "한 사태의 현실적인 실존 혹은 비실존으로부터 다른 사태의 현실적인 실존 혹은 비실존이라는 결론에 이를 수 없다." 사태들은 (실체적인) 존재의 질서 안에서 서로 독립적이며, (현세적인) 실존의 질서 안에서 어떠한 상관관계도 결여한다.

따라서 복합명제는 결코 사태들 간의—존재론적인 것이든 사건적인 것이든—내적 연관에 대한 그림을 그리기 위한 것이 아니다. 복합명제가 어떤 필연성(우연적이지 않은 어떤 것)을 고정시킬 **수 있다**고 가정할 때, 이 필연성은 어떤 경우에도 다수의 대상들 간의 효과적이거나, 실체적이거나 또는 현세적인 연관을 지시하는 "현실적" 필연성과 관련이 없다.

그렇다면 복합명제의 의미는 무엇이란 말인가?

우선 복합명제는 원자명제들의 병치juxtaposition, 즉 사태를 기술하는 명제들 각각의 병치 이외에 그 어떤 것도 아니다. 우리가 여기서 그치는 한, 모든 병치는 의미를 갖게 될 것이며, 이때 의미는 원자적 기술記述들의 "총합"에 다름 아니다. 그러므로 만약 우리가 복합명제를 대상들과 그 연관들의 영원한 존재에 관계 짓는다면, 복합명제는 아무것도 흥미로울 것이 없다. 그것은 상태들의 단순한 나열일 뿐인 것이다.

복합명제가 흥미로워지는 것은 바로 우리가 현실 안에

(세계 안에) 있는 사태들의 **실존**을 검토할 때이다. 즉 명제가 참 혹은 거짓이 되는 자격을 고려할 때 말이다.

예를 들어 특정한 사태를 기술하는 원자명제 p가 있다고 하자. 그리고 다른 상태를 기술하는 원자명제 q가 있다고 하자. p가 기술한 사태**와** q가 기술한 사태가 **둘 다** "일어난" 것이며 세계 안에서 확인 가능한 것이라면, p와 q의 병치는 "참"이라고 말해질 수 있을 것이다. 그래서 우리는 원자명제들의 진릿값valeur de vérité에 따라 복합명제에 진릿값을 부여하는 방식으로 복합명제의 "유형"(여기서는 "p 그리고 q"의 결합)을 구분할 수 있을 것이다. 결정적인 진술은 다음과 같다. "원자명제는 명제의 진리 논항*이다."(『논고』, 5.01)

이 사안 전체에서 주목해야 할 핵심은 (p 그리고 q의) "그리고"가 현실에 있는 어떤 것도 지시하지 않으며, 따라서 그 자체로는 어떤 의미도 갖지 않는다는 점이다. 거기 있는 것은 p와 q가 기술하는 사태들로서, 그 사태들이 영속적으로 "존재하는" 한, 그리고 그것들이 세계 내에 "실존하

* "les arguments de vérité de la proposition", 이에 대응하는 원문은 "die Wahrheitsargumente des Satzes." 여기에서 '논항'으로 옮긴 'argument'은 함수에서 '독립 변수', 일반적인 주장에서 '논거'의 의미.

는"(또는 실존하지 않는) 한 그러하다. 논리적 기호들(그리고, 또는, 함축하다, 등등)은 그저 원자명제들의 특정한 병치가—**이런 명제들이 기술하는 사태들의 실존 혹은 비실존에 관하여**—특정한 진릿값을 가진다는 점을 기록하는 데 적합한 도구일 뿐이다. 혹은 다시 말해서, 비트겐슈타인이 말하는 바대로, "프레게와 러셀의 의미에 따른 '논리적 상항들constantes'은 존재하지 않는다."(『논고』, 5.4) 이는 논리적 연결사connecteurs의 존재론 같은 것은 없음을 의미한다. 말하자면 세계의 관점에서, 따라서 참(또는 거짓)의 관점에서 파악할 때, 논리적 연결사들은 그저 [명제들의] 병치의 값에 "구두점을 찍을" 뿐이다. 즉 "논리적 연산의 기호는 구두점이다."(『논고』, 5.4611)

또 다른 예로, 원자명제 p가 특정한 사태를 기술한다고 해보자. 이때 "p-아님"non-p이라는 명제가 말하는 것은 무엇인가? 그 명제는 p가 기술한 것과 동일한 사태를 지시한다. 혹은 비트겐슈타인이 말하는 그대로(『논고』, 4.0621), p라는 명제와 p-아님이라는 명제는 "동일한 현실에 대응"한다. 다만 p는 그 지시대상référent이 세계 안에 실존함을 단언하는 반면, p-아님은 그 지시대상의 비실존을 단언한다. 세계의 관점에서 볼 때, p가 기술한 사태가 "일어나는" 동시에 일어나지 않는다는 것은 명백히 불가능하다. 따라서 "p 그리고 p-아님"이라는 복합명제는 거짓이다.

일반적으로 복합명제는 원자명제의 군집이며, (경험적 확인을 통해) 원자명제의 참 또는 거짓(다시 말해 원자명제들이 기술하는 상태의 실존 또는 비실존)을 인식할 때, 우리는 복합명제의 [진릿]값에 관한 결과를 도출하여, 이에 따라 원자명제의 "군집"이 실제로 **세계의 부분적 기술**인지 아닌지 알게 된다. 비트겐슈타인은 이 결과를 진리 연산vérité opération으로 명명했으며, 따라서 우리는 다음과 같이 말할 수 있다. "모든 명제는 원자명제에 관한 진리 연산의 결과이다."(『논고』, 5.3)

만일 어떤 복합명제가 참이라면, 그 명제는 원자명제들의 집합ensemble을 그것들의 참 또는 거짓에 따라 세계에 대한 부분적 기술로 기입한다. 이것이 바로 참된 복합명제가 과학적인 이유다. 그리고 "참된 명제들의 전체ensemble는 자연과학 전체를 형성한다."(『논고』, 4.11) 덧붙여 "복합적" 진리가 "자연과학"의 영역에 전형적으로 **제한***confinement*된다는 점을 알 수 있는데, 이는 분명히 한편으로는 철학(자연과학이 아닌 **다른** 곳에 있는 진리를 다룬다고 주장하는)을 격하시키고 다른 한편으로는 행위를 통해 의미의 의미이자 결코 진리가 아닌 신비한 요소를 격상시키기 위한 것이다.

여기에서 우리는 까다로운 전환 구역에 접근한다. 그 출발점은 다음과 같다. 참되거나 혹은 세계에 관한 (복합)명제는 **그것이 거짓일 수 있다는 특징을 갖는다고 말할 수 있다**. 실제로 세계는 "일어나는 모든 것"(또는 "사실인 모든 것")이며, 우리가 아는 그대로 일어나는 것은 순수한 우연성이다. 그러므로 어떤 복합명제에서 나타나는 원자명제 p가 참이라는 이유로 그 복합명제가 참이라면, 이는 원자명제 p가 기술하는 사태가 세계 내에 있다는 것이 사실이기에(확인 가능하기에) 그 복합명제가 참이라는 의미이다. 하지만 그 사태는 세계 내에 있어야 할 어떠한 (실체적, 존재론적) 필연성도 없다. 그러므로 그 사태가 실제로 세계 내에 없을 수도 있으며, 결과적으로 최초의 복합명제는 거짓일 수도 있는 것이다.

과학적 명제는 세계에 대한 부분적 기술인데, 그러한 명제는 오로지 원자명제들을 근거로 함축되는 사태의 실존 혹은 비실존에 대한 (우연적인, 경험적인) 확인으로부터 진리가 된다. 자연법칙의 우연성이라는 유명한 주제를—(과학적 진리는 흥미롭지 않다는) 명백한 반철학적 근거로 인해—비트겐슈타인만큼 멀리까지 밀고 나갔던 사람은 없다. 요컨대 과학적 진술은 우연히 참일 뿐인 것이다. 실체적이고 영원한 존재라는 지점에서 볼 때, 과학적 진술은 어떠한 특별한 가치도 갖지 않으며, 지금과는 다른 것일 수도 있다.

예를 들어 내가 "p 그리고 q-아님"이라고 말한다면, "p는 사실" 그리고 "q는 사실이 아님"을 확인하는 이상, 이 명제는 참(과학적)이다. 명제는 내가 관련된 사태들의 실존 혹은 비실존을 관찰한다는 사실에 근거하여 자연과학의 일부를 이룬다. 그러나 그 명제 **자체의** 그 무엇도 내게 그것이 참이며 따라서 과학적임을 지시하지 않는다. 나는 세계의 순수한 우연성을 통해 우회해야 하는 것이다.

그렇다면 **세계의 현실성과 독립적으로**, 즉 일어나는 것과 독립적으로 참이 되는 복합명제가 실존한다면, 그러한 복합명제란 어떤 것인가?

"p 또는 p-아님"이라는 복합명제를 예로 들어 보자. 현실적인 지시대상이 없는 "또는"이라는 연결사는 오직 다음과 같은 사실을 의미할 뿐이다. 즉 나는 p가 기술하는 사태를 고려해서, 그 상태가 일어나거나(세계 내에 실존하거나) 또는 일어나지 않는다고 단언한다. 명확한 것은 세계가, **그것이 어떠하든지 간에** 그리고 그것이 정확히 사건적이기에, 이

것 아니면 저것이어야 한다고 요구한다는 점이다(이 탁자가 노란 색일 가능성과 노란 색이 아닐 가능성이라는 두 가능성 사이에 어떠한 연결도 없지만, 두 가능성이 공가능하게 나타나는 어떤 대상들의 조합인 영속적 실체와는 반대로). 그러나 하나가 "일어난다"면, 다른 하나는 일어나지 않는다. 결과적으로 "p 또는 p-아님"이라는 명제는 p가 기술하는 상태가 실존하는지 실존하지 않는지 아는 문제와는 완전히 독립적으로 참이다. 즉 세계가 어떠한가 하는 문제와는 독립적으로 참이라는 것이다.

우리는 마침내 어떤 필연성을 발견하는데, 이는 특정한 복합명제들의 진리가 갖는 필연성이다. 세계가 어떤 것이든, 그리고 따라서 거기에서 나타나는 원자명제들의 (우발적이고 우연적인) 값이 어떤 것이든, 필연적으로 참인 명제는 **동어반복**[항진명제]tautologie이라 명명된다. 바로 이 명제들이 (자연과학의 의미에서) 과학적 언표의 진리가 갖는 철저한 우연성으로부터 추출해 낸 필연성의 질서를 안정시킨다. 그 질서가 바로 논리학이다. 말하자면 "논리학의 명제들은 동어반복적이다."(『논고』, 6.1)

그런데 이 필연성은 **무엇의** 필연성인가? 그것은 명백히 세계의 필연성이나 세계 내의 필연성이 아니다. 그리고 그 분명한 이유는 동어반복이 세계에 대해 **아무것도** 말하지 않는다는 데 있다. 이는 당연하다! 세계에 대해 무언가를 말하는 것은 언제나 이러저러한 사태가 "일어난다"는 점을 긍정하는(또는 부정하는) 것이다. 그러나 원자명제 p가 등장하는 어떤 동어반복[항진명제]의 진리는 이런 사안과 무관한데, 왜냐하면 그 진리는 언제나 진리로 유지되기에 우리가 "p는 사실"이라고 또는 그 반대라고 가정하는 것과는 무관하기 때문이다. 이로부터 근본적인 진술이 도출된다. "논리학의 명제는 아무것도 말하지 않는다."(『논고』, 6.11)

확실히 세계의 필연성 또는 세계 내의 필연성은 존재하지 않는다. 이것은 비트겐슈타인의 변함없는 주제이다. "어떤 것이 일어났으므로 다른 것이 일어나야 한다는 강제는 없다."(『논고』, 6.37) 그러나 **세계에 대한** 필연성은 있으며, 사태들이 일어나거나 일어나지 않을 때 사태들에 부과되는(비어 있는) 법칙이 있다. 예를 들어 p가 기술하는 사태가 세계 내에 발생할 경우, 그 사태가 일어나지 않는 일은 필연적으로 불가능하다. 이로부터 "p 또는 p-아님"이라는 동어반복[항진명제]이 도출된다(여기서 "또는"이라는 연결사는 엄격하게 배타적이다). 혹은 다시 말해서, 만약 p가 기술한 사태가 일어나며, 또한 q가 기술한 사태가 일어난다면, 이

때 q의 일어남이 p의 일어남을 막는 것은 필연적으로 불가능하다. 이로부터 "p 그리고 [q는 (q가 p-아님을 함의함)-아님을 함의함]"이라는 동어반복[항진명제]이 도출된다. 여기에서 모든 것은 이 모든 사태들이 세계 내에 일어나거나 일어나지 않는 것을 안다는 사실과 무관하다.

종종 불안정한 모습을 보이는 비트겐슈타인의 용어에서 약간 거리를 두고, 용어를 고정시켜 보자. 어떤 사태의 실체(대상들의 연관)를 그 사태의 "존재"être라고 지칭하자. 이 존재를 기술함으로써 원자명제는 의미를 가진다. 일어남의 사실, 즉 어떤 사태가 세계 내에 있다는 사실을 그 상태의 "실존"existence이라고 지칭하자. 실존을 정당하게 긍정함으로써 명제는 참이 된다(또는 실존을 부당하게 긍정함으로써 명제는 거짓이 된다). 실존은 **결코** 필연적인 것이 아니라 확인되어야 하는 것이며, 실존의 확인에 매인 참된 명제는 과학적 명제이다.

동어반복[항진명제]은 필연적인 것으로서 어떠한 실존의 확인에도 매여 있지 않다. 하지만 동어반복은 또한 존재의 법칙이 아니다(존재 또는 실체 내에서, p라는 사태와 "실존으로서" p와 양립 불가능한 어떤 사태는 완벽하게 공존할co-être 수 있다). 동어반복은 **실존하는 것의** 법칙이 **아니라 실존의** 법칙이다. 여기에서 모든 가능한 세계에, 다시 말해 일반적인 현세성mondanité(또는 실존)에 "p 그리고 [q는 (q가 p-아님을 함의함)-아님을 함의함]"과 같은 진술이 부과된다는 점을 받아들이도록 하자.

이런 필연적인 진술은 비트겐슈타인이 세계의 "골조" armature라고 부르는 것(세계 내에 실존하는 것이 아닌 어떤 것)을 보여주는데, 이는 의미와 진리 사이의 간극을 절정에 이르게 한다. 실제로 이런 진술은 필연성을 얻기 위해 어떠한 의미도 갖지 않는 대가를 치른다. "동어반복과 모순은 어떠한 의미도 갖지 않는다."(『논고』, 4.461) 동어반복이 어떠한 특정한 세계도 기술하지 않는 이상, 이는 분명한 사실이다.

결국 세계는 그 실존의 단독성에서 절대적으로 우연적이며 어떠한 법칙도 결여한다. 그러나 실존이라는 유일한 사실에 논리적 제약조건이 수반된다는 의미에서, 세계는 논리적으로 규정된다. 의미가 세계의 우연 속에서 군림하는 반면, 논리적 제약조건은 의미를 결여한다는 점을 추가하도록 하자. 이 둘의 분할은 다음과 같이 말해진다. "논리학 바깥에는 우연만이 있을 뿐이다."(『논고』, 6.3)

따라서 동어반복[항진명제]은 세계와 어떤 한정 가능한

관계를 이루며, 그 관계는 실존("일어남") 일반에 대한 텅 빈 입법화를 통해 세계의 "형식"을 규정한다. 모든 말하기는 세계를 기술하며 동어반복이 "모든" 세계에 대해서 참인 이상, 이 규정은 말하기가 아니며 모든 말하기를 구속하는 법칙을 보여주는 것이다. 충분한 시간을 들여 숙고할 필요가 있는 진술 6.124는 존재와 실존에 관한 논리학의 기능을 요약한다. 여기에서 존재는 이름의 측면에서, 그리고 실존은 세계의 측면에서 소환된다.

> 논리적 명제는 세계의 골조를 기술한다. 혹은 더 정확히 말해서, 우리에게 세계의 골조를 제시한다. 논리적 명제는 어떤 대상도 '다루지' 않는다. 논리적 명제는 이름이 표시하는 어떤 것이 있음을, 그리고 원자명제에 어떤 의미가 있음을 전제한다. 바로 이것이 논리적 명제와 세계의 연관이다. 분명히 말해서, 기호들의 특정한 연관—본질적으로 결정된 성격을 가진—이 동어반복[항진명제]을 이룬다는 사실은 오로지 세계와 관련된 어떤 것을 지시할 수 있을 뿐이다.

이 "어떤 것"은 실존하는 것과 무관한 실존의 법칙이 있다는 사실이며, 거기에서 진리는 모든 의미를 결여하는 명제 안에 포함된다.

9

그렇다면 누군가 이렇게 말할 것이다. 이보시오, 철학자 양반! 당신은 무엇에 대해 불평하는 거요? 비트겐슈타인은 의미 없는 진리, 즉 무의미한 진리의 실존을 인정하지 않소. 그런데 당신은 그것이 철학적 행위의 핵심이라고 주장하는군. 그러면 논쟁거리는 어디에 있고, 반철학은 어디에 있단 말이오?

철학적 문제는 그런 불평을 알지 못한다. 세계가 그들에게 씌워 놓은 운명에 대해 끊임없이 불평하는 쪽은 바로 반철학자들이 아니던가! 루소의 낙담을 담은 문체와 니체의 욕설로 가득한 문체를 보라! 나는 아무것도 불평하지 않는다. 나는 그와 같은 동어반복적인 진리를 의심스럽게 여길 뿐이며, 여기에는 세 가지 이유가 있다.

1. 우선 논리학의 명제가 의미를 결여함에도 불구하고 참이며 필연적이라는 사실은 그러한 명제가 아무것도 말하지 않으며 사실상 순수하게 논리적이라는 사실, 즉 비어 있다는 사실과 결부된다. 그러나 철학은, 의미를 박탈당한 채로 참이며 필연적이지만 실재를 **말하는** 명제가 실존한다고 생각한다. 이러한 명제의 패러다임은 존재로서의 존재

를 말하는 수학에서 발견된다. 따라서 나의 첫 번째 질문은 다음과 같다. 비트겐슈타인은 수학적 명제에 어떤 지위를 부여하는가? 특히 논리적 명제와 수학적 명제 사이의 관계는 무엇인가? 이 논점은 언제나 한편에 철학을 그리고 다른 한편에 반철학과 수사학을 두고 이 둘을 가르는 중요한 경계선이 된다.

2. 비트겐슈타인이 논리학을 실존 일반에 대한 과학(세계 형식에 대한 비非현세적인 과학)으로서 구축한 것은 인상적이다. 그러나 그는 이 구축을 끝까지 밀어붙이지 않으며, 이러한 멈춤의 동기는 여전히 "비非이론적" 행위에 대한 욕망이다.

지금까지 우리가 알아낸 것들을 정리해 보자.

- 존재는 사유 불가능한 것인데, 왜냐하면 우리는 대상에 대해 어떠한 사유도 갖지 않기 때문이다. 우리는 대상을 그저 명명할 수 있을 뿐이다.
- 실존은 사유될 수 있는 법칙, 즉 논리적 명제들을 갖는다. 그러나 이런 법칙은 어떠한 의미도 갖지 않는다.
- 실존하는 것(세계)은 전적으로 우연적이다.

내가 보기에 다음과 같은 질문을 제기할 필요가 있다. **존재와 실존의 법칙 사이의 관계는 무엇인가?** 왜냐하면 세계를 구성하는 사건들의 철저한 우연성이 세계 자체의 실체적 존재와 절대적으로 분리된다면, 이와 대조적으로, 실존의 필연적 법칙이(따라서 세계의 사건성의 필연적 법칙이) 존재한다는 사실이 존재와 실존의 상관관계를, 즉 세계가 아니라 세계의 현세성mondanité에 관한 존재론적 규정을 나타낸다는 것은 거의 확실하기 때문이다. 비트겐슈타인이 한편에 우연성(과학적 명제들)을 그리고 다른 한편에 필연성(논리적 명제들)을 위치시킬 때, 이 둘 간의 분할은 불완전하다. 우리는 또한 논리적 필연성을 세계의 존재에 대해서 세계의 우연성을 알려주는 것으로 생각해야 한다. 간단히 말해서 비트겐슈타인은 자기 논리학의 존재론적 조건들을 모호하게 내버려둔다. 따라서 우리는 그 조건들이 무엇인지 물을 것인데, 이는 그러한 누락의 동기가 지극히 명백하기 때문이다. 이를테면, 만약 논리학이 존재의 조건 아래 있다면, 우리는 **결코** 더 이상 논리학이 의미를 결여한다고 주장할 수 없다. 그 결과 의미와 진리 사이의 틈은 논리적인 진공에만 한정되어 발생하는 것이 **아니며**, 그 틈에 아마도 이론적 형식이 있을 것이라는 결론이 도출된다(반면 비트겐슈타인에게는 분명히 "논리학은 이론이 아니다"[『논고』, 6.13]).

3. 비트겐슈타인의 전반적인 배치는 세 가지 환원 불가능한 "지성적"intellectives 차원을 나타낸다(내가 "지성적"이라는 말을 사용하는 이유는 비트겐슈타인에게 "사유"란 최상의 것이 아니라 하나의 사실cas일 뿐이기 때문이다).

- 실존의 법칙에 대한 지적 작용intellection: 논리학
- 세계에 대한(즉 실존하는 것에 대한) 지적 작용: 자연과학
- 세계의 의미, 혹은 실존하는 것의 의미, 혹은 가치에 대한 지적 작용: 침묵 속에서 순수한 행위에 전념하는 신비한 요소

우리는 말하기dire(의미가 부여된 명제)가 두 가지 말하기 아닌 것non-dires 사이에 자리 잡는다는 것을 확인한다. 의미를 결여하나 그럼에도 명제(동어반복[항진명제]) 속에 기입되는 논리적인 것과, 명제적인 모든 기입에 그 자체로 철저하게 반발하는 미적인 것esthétique(혹은 윤리적인 것) 사이에 말이다.

그렇다면 우리가 물어야 할 질문은 실체적인 존재의 관

점에서 볼 때 보여주기 혹은 말하기 아닌 것의 두 가지 형상 사이에 있는, 즉 준準명제적인 형상인 논리학과 반철학적 행위가 전념하는 침묵의 형상 사이에 있는 **공통적인 특징**이 무엇이냐는 것이다.

이 세 가지 질문이 우리의 논의 전개의 마지막 부분을 구조 지을 것이다.

10

"수학은 사유의 형식인가?"라는 단순한 질문은 은밀하게 철학과 반철학 간의 논쟁을 조직한다. 어째서 그런가? 만약 수학적 명제가 사유라면, 이는 대상에 대한 경험이 결여된 말하기, 즉 지성에 의해 알 수 있는 것l'intelligible들에 대한 몰沒주체적인 규제적 접근이 실존함을 의미하기 때문이다. 그래서 존재는 필연적으로 모든 명제로부터 봉쇄되어 있지 않으며, 행위는 아마도 그 자체로 이론적 성격을 지닐 것이기 때문이다. 반철학자는 이 모든 것을 절대적으로 부인한다. 이로부터 일반적인 반철학의 노선은 다음과 같이 형성된다. 요컨대, 수학은 사유가 아니라 **계산**이라는 것이다. 그리고 수학이 "계산적인" 혹은 순수하게 기호를 조작하는 차원에 속한다는 관점에서 다음과 같은 불변적인 규범이 설정된다. 즉 수학은 논리학의 변형이다.

비트겐슈타인은 습관대로 갑작스럽게 "수학은 하나의 논리적 방법이다"(『논고』, 6.2)라고 선언한다.

이어지는 그의 "이력" 내내 비트겐슈타인은 수학이 단독적인 사유라는 생각에 대한 증오를 드러낼 것이다. 그러한 증오로 인해, 그 문제를 너무나 잘 아는 비트겐슈타인은 가장 도발적인 피상적 수단을 사용하여 가장 심오하고 천재적인 이론들(특히 칸토어나 괴델Kurt Gödel의 이론들)에 대한 너무나 부정확하고 빈약한 소견들을 제시함으로써, 그의 가장 열렬한 아첨꾼들이 당황한 나머지 비트겐슈타인의 해석을 정당화하고자 많은 분량의 지면을 할애할 수밖에 없게 되는 결과를 야기할 것이다.

그러한 증오는 플라톤 이래로 수학이 형이상학적 협잡을 결정적으로 지탱하는 버팀목이었다는 비트겐슈타인의—정당한—확신에 기인한다. 수학을 형이상학과 공통적인 운명으로 환원하는 일, 즉 가장 저급한 종류를 포함한 모든 수단을 동원하여 어떠한 "언어 게임"jeu de langage(특히 가장 쓸데없는 언어 게임)에서도 발견할 수 없는 것이라면 무엇이든 수학에도 없다는 점을 보여주는 일은 끝나지 않을 헛된 노역이지만, 이는 수행할 가치가 있는 게임이기도 하다. 그런 방식으로 우리는 철학적 행위에 고유한 행위인 불길한 진리의 파악을 대체하는 것으로 제시된 "일상언어 철학"의 권리를 지킬 수 있을 것이기 때문이다.

소피스트가 되어 버린 후기 비트겐슈타인의 본질적인 방식은 수학을 상대화하고 유예시키며 인간학으로 만들어, 궁극적으로 우리의 언어 습관에 의존하는 관습적 게임으로 만드는 데 있다. 『수학의 기초에 관한 고찰』 *Bemerkungen über die Grundlagen der Mathematik*이라는 (매우 아이러니한) 제목으로 출판된 기록들 중 한 구절이 이러한 방법을 예시한다. 우리는 거기에서 『논고』의 끊임없이 단언하는 문체가 끊임없이 질문하는 문체로 대체되는 것을 보게 될 터인데, 이는 침묵 속에서 그 자체의 전례 없는 행위를 헛되이 기다리다 지쳐 버린 반철학이 소피스트의 궤변술로부터 차용한 늘어진 장광설 속으로 자취를 감추는 순간에 대한 거의 물질적인 기록에 다름 아니다. 우리는 또한 이러한 선별 작업 끝에 우리를 엄습하는 것이 확고한 비판적 미덕이 아니라 일종의 불투명한 현기증임을 알게 될 것이다.

> 집합론이 한 풍자적 인물에 의해 수학에 대한 일종의 패러디로 발명되었다고 상상해 보자—그 이후에 집합론에서 어떤 정당한 의미가 발견되어, 집합론이 수학에 통합되었다고 말이다. (실제로 어떤 사람이 집합론을 수학자들의 낙원으로 간주할 수 있다면, 다른 사람이 그것을 농담으로 간주해서 안 될 이유는 무엇인가?)
>
> 문제는 이것이다. 농담으로서의 집합론 역시 명백하

게 수학적이지 않은가?

그런데 집합론이 명백하게 수학적인 이유는 무엇인가? 그것이 규칙을 따르는 기호들을 사용하는 게임이기 때문일까? 여기에서, 비록 그 개념들의 적용에 대해 명료하게 알고 있는 것은 아니라 하더라도, 우리가 어떤 개념들을 구성하는 중이란 사실은 명백하지 않은가?

하지만 어떻게 우리는 그 적용에 관해 명료하지 않은 개념을 가질 수 있을까?

『논고』에서 [앞에서 살펴본 6.2에] 이어지는 행은 한층 더 급진적인 동시에 한층 더 일관적이다. 그것은 수학을 탈脫단독화하여 논리학의 공허함과 동일시하는 방향으로 귀결된다.

비트겐슈타인에 따를 때, 이러한 추론은 수학적 명제가 언제나 등식égalité의 형태로 제시된다는 사실에 전적으로 근거한다. "논리학의 명제가 동어반복[항진명제]으로 보여주는 세계의 논리를, 수학은 등식으로 보여준다."(『논고』, 6.22) 그러나 등식은 [양변의] 두 항에 대해 아무것도 **말하지** 않으며, 그것이 사실인지 아닌지 따지는 문제와 아무 관련도 없다. 따라서 등식을 세우기 위해 우리는 세계를 들여

다볼 필요가 없고, 이는 수학적 명제가 아무런 의미도 없음을 증명한다. "수학적 명제가 증명 가능하다는 사실은, 곧 그 명제의 옳음을 검토하기 위해 그 명제의 옳음을 사실 자체와 대조해야 할 필요가 없음을 의미한다."(『논고』, 6.2321)

비트겐슈타인에게, 수학은 "맹목적인" 계산인데, 이는 수학이 아무것도 생각할 필요 없이 단순한 대입법代入法, artifice de substitutions을 통해 등식에서 등식으로 전개되어 나간다는 점을 논거로 한다. 진술 6.24는 수학적 진행을 언어적이고("[수학에서] 우리에게 직관을 제공하는 것은 바로 언어이다."[『논고』, 6.233]) 연산적이며 사유를 결여한 것으로 보는 비트겐슈타인의 관점을 요약한다.

> 수학이 등식에 도달하는 방법은 대체의 방법[대입법]이다. 왜냐하면 등식은 어떤 식이 다른 식으로 치환[대체]될 수 있다는 것을 나타내며, 우리는 등식에 맞추어 어떤 식을 다른 식으로 치환[대체]함으로써 어떤 등식으로부터 새로운 등식으로 나아가기 때문이다.

[그러나] 집합론은 특히 무한과 관련하여 놀라운 실존적 언표들을 보여주며, 특히 이를 통해 사물에 대한 이러한 관

점에 반대한다. 무한에 있어 실존을 "사실인 것"으로, 다시 말해 사실로 "확인되는" 것으로 환원할 수 있을지는 의심스럽다. 결국 전 생애에 걸쳐 비트겐슈타인은 쉼 없는 증오로 칸토어의 이론을 공격할 것이며, 이는 『논고』에서부터 시작된다. "수학에서 집합론la théorie des classes은 완전히 불필요하다."(『논고』, 6.031)

이런 진술들의 뻔뻔스러움은 우리에게 중요한 것은 아니다. 지금은 비트겐슈타인이 개략적으로 그려 내는 수학에 대한 견해가 피상적이며 변호될 수 없다는 점을 강조할 시점이다.

무엇보다 수학적 명제의 본질은 등식이 아니다. 수학의 심오한 정리定理들은 적어도 다음과 같은 네 가지 유형에 속한다.

1. 실존의 정리들, 이는 특히 모든 논리적 환원주의와 동떨어져 있다. 이 정리들은 "비非현세적인" 혹은 비非우연적인 실존의 문제를 제기한다. 존재론을 이러한 정리들에 맞춰야 하며, 존재론을 구원하기 위해 이 정리들이 사라져야 하는 것은 아니다.

2. 거듭제곱의 정리들(그리스인들 이래로 소수素數의 무한

성이 실존함을 정립한 것으로서). 이 정리들은 모든 철학이 수학에 등을 돌릴 것이 아니라, 오히려 통합해야 하는 무한존재être-infini의 문제를 제기한다.

3. 분해의 정리들(대수학에 매우 많은), 이는 어떤 구조가 더 단순한 구조들의 산물로 사유됨을 정립한다. 이 정리들은 다수 존재être-multiple의 풀어헤침désintrication에 대한 문제를, 즉 뒤얽힌 다수들의 비非독립성에 대한 문제("사태들"의 원자론과 상반되는)를 제기한다.

4. 현시présentation의 정리들(모든 불 대수algèbre de Boole가 집합의 대수로 제시됨을 보여주는). 이 정리들은 유형적인 단독성singularité typique의 문제를, 즉 개념을 "재현하는" représente 존재 유형의 문제를 제기한다.

우리는 여기서 사유로서의 수학에 대한 탐구의 핵심에 서게 된다. 여기에서 다룰 문제들은 존재자를 그것의 존재에 봉합하는 문제, 무한의 문제, 다수성의 구성 문제, 그리고 유형화의 문제 등이다. 물론 계산과 등식은 매우 중요하지만, 그것들은 이차적인 모사模寫, 실험을 위한 규약, 이념의 운동을 위한 설명의 보증일 뿐이다.

만약 비트겐슈타인이 알고리즘과 "공백"의 시각을 위해

이 모든 것을 등한시한다면, 이는 분명히 그 자체로 초超현세적trans-mondaine이지만 그럼에도 말하기의 형식으로 실행될 수 있는 어떤 사유의 유령을 내쫓기 위한 것이다.

사실상, 존재 그 자체에 맞춰 정돈된 사유로 재현되는 수학은 행위의 윤리적 우월성으로 이어지는 길 위에 놓인 중대한 장애물이다. 요컨대 수학이 사유라면, 플라톤주의는 의미를 갖게 된다. 그러나 반철학자 니체와 비트겐슈타인이 동의하는 한 가지가 있다면, 바로 플라톤을 혐오한다는 것이다.

이런 의미로 볼 때 수학은 (그것의 순수하게 논리적인 풍자화caricature는 차치하더라도) 단지 사유의 오류보다 심한 무엇이다. 그것은 사유의 **죄악**이다. 게다가 이는 바로 비트겐슈타인이 1940년대에 적게 될 내용이다. "형이상학적 표현의 오용으로 수학만큼이나 많은 죄과를 저지른 종교는 없다."

수학과 논리학의 동일시는 무엇보다 존재에 대한 사유에 믿음을 가지는 죄악의 유혹을 떨치기 위해 취하는 필수적인 예방 조치이다. 수학이 생기를 잃어 알아볼 수 없을 정도로 변형된다는 점은, "신비한 요소"가 지닌 구원의 숭고함에 비추어 볼 때, 별로 중요한 사안이 아니다.

11

이제 존재(실체적 대상들)와 실존(세계의 우연성)의 "접합" jointure이라는 문제로 돌아가 보자. 우리는 논리학이 세계의 "골조"를 규정하며, 따라서 세계로서의 세계 곧 세계의 **가능성**에 대한 (형식적) 법칙들을 부여하는 이상, 그런 논리학이 이 문제에 연루되는 것으로 드러난다고 주장했다.

그러나 『논고』에서 이 문제에 가장 밀접하게 닿아 있는 것이 무엇인지 모색한다면, 우리는 그것이 순전히 **주체***Sujet*에 관한 것임을 알게 된다. 왜냐하면 비트겐슈타인은 "주체"를 세계의 부분들 중 하나가 아니라 세계의 한계라고 부르기 때문이다. 그러므로 확실히 난해하고 불투명하지만 의심할 여지가 없는 의미에서, 주체는 **실존하는 것 전체를 포괄하는 "존재"의** 이름이다.

그렇다면 논리학과 주체 사이의 의심스러운 연결이라는 문제가 생긴다. 이는 라캉의 주의를 끌 수밖에 없었는데, 라캉의 목적이 주체의 (역설적) 논리학을 정초하는 것이기 때문이다.

비트겐슈타인에게 느끼는 라캉의 공감은 무엇보다 한 반철학자가 다른 반철학자에게 느끼는 공감이다. 라캉은

"소위 비트겐슈타인적이라 말해지는 이런 작업은 철학의 외설스러움canaillerie을 간파하는 일에 다름 아니라는" 사실에서 기쁨을 얻는다. 이는 명백한 사실이다! 그렇다면 철학의 외설스러움은 어디에 있는가? 그것은 메타언어가 있다는 가정에 있다. 왜냐하면 메타언어의 가정은, 파르메니데스 이래 철학이 끊임없이 그랬던 것처럼, 항상 누군가의 대타자Autre가 되기를 원하는 것, 즉 누군가가 가진 욕망의 형상들이 포착되는 곳에 그 자신이 서 있기를 원하는 것이기 때문이다.

내가 "날이 밝는다"고 말할 때, 나는 "날이 밝는다"고 말하는 행위 그 자체를 통해 그것이 참임을 공표한다(라캉에 따르면 비트겐슈타인은 이 점을, 즉 참이란 곧 언술행위적 주체화subjectivation énonciative임을 잘 파악했다). 만약 메타언어적 필연성이 나를 부추겨 "**날이 밝는다**라는 명제는 참이다"라는 형식으로 이러한 진리의 확언을 검토하게 한다고 가정한다면, 바로 여기에 철학의 외설스러움이 있다. 왜냐하면 그 결과로 나는 그 의미를 말소해 버리며, 이는 "날이 밝는다"라는 참이라 말해진 확언이 이를 선언하려는 내 욕망에 의해 부여된 주체적 책략으로 취해지는 것과 같은 귀결이기 때문이다. 그 명제를 인용 부호 안에 집어넣는 철학적 메타언어는 마치 진리의 언술행위적 차원을 언명의 "객관성"에 회부할 수 있고, 그 즉시 진리Vérité의 법정에 출두하는 양 행세한다. 그것은 자기 자신과 동일하다고 가정되는 나, 주인 행세 하는 나, 외설스러운 나Je-canaille를 위해 주체의 욕망하는 소멸éclipse désirante du sujet을 감추어 버린다. 철학은 나의 지배Je-cratie*라는 체제에 따라 존속한다.

물론 비트겐슈타인은 모든 메타언어를 절대적으로 거부한다. 이는 너무나 명백한데, 왜냐하면 보여줄 수 있는 것은 말할 수 없고, 말할 수 있는 것은 보여줄 수 없기 때문이다. 이러한 환원 불가능성은 어떤 말하기가 다른 (주체화된) 말하기의 대타자가 되고자 하는 야망을 금지한다. "언어 속에서 스스로 드러나는 것을, 우리는 언어로 표현할 수는 없다."(『논고』, 4.121) 이처럼 비트겐슈타인의 사유는 철학의 외설스러운 나의 지배Je-cratie로부터 벗어난 주체의 이론에 열려 있는 것이다.

이러한 주체의 이론은 『논고』의 5.63에서 5.641까지의 진술들에 자리하고 있다. 관건은 분명히 주체의 존재가 어

---

* 'Je-cratie' 혹은 '나의 지배'란 'autocratie' 곧 독재 혹은 전제 정치와 결부된다.

떤 의미에서 실존과 관련된다는 점이며, 이는 진술 5.632에서 나타난다. "주체는 세계에 속하지 않는다. 주체는 세계의 한계이다." 이러한 (위상학적) 은유는 주체가 세계로 환원되지 않고(세계의 전체적 윤곽선이기는 하지만) 그런 만큼이나 실체로도 환원되지 않는다는 것(세계 바깥에 위치하기에 그것이 실체로서의 "비실존적" 존재를 가져야 하지만)을 보이려 한다. 이것이 바로 비트겐슈타인이 주체를 심리학이 다루는 주체에 대립시키기 위해 "형이상학적" 주체라 부르기를 주저하지 않는 이유이다. 이 형이상학적 주체는 유일무이하다(어쨌든, 주체가 다수라면 다른 것과 구별될 수 있어야 하며 따라서 세계 **내에** 위치해야 한다). 이것은 유아론唯我論의 테제이다. "유아론이 말하고자 하는 바는 전적으로 옳다."(『논고』, 5.62) 주체의 유일성은 세계의 유일성과 공외연적이며("나는 나 자신의 세계이다"[『논고』, 5.63]), 오로지 세계에 의해서만 표명되는 "실존"이다.

그렇다면 우리는 논리학—세계형식forme-monde에 대한 규정인—과 주체—세계의 단일성에 대한 이름인—의 상호연결을 기대할 수 있다고 여겨진다. 이에 따라 논리학과 주체는 존재에서 실존으로 사유되는 어떤 것의 "근거"로 한데 묶인다. 결과적으로 우리가 바라는 것은, 진정으로 철학적인 욕망에 따라, 어쨌든 "세계의 의미"가 논리적 명제들의 관점에서 주체적 유아론을 해명하는 **한계의 논리학**에 정착할 수단을 찾는 것이다.

그러나 비트겐슈타인은 이런 길로 들어서지 않는다. 그 이유는 설령 주체가 "세계의 한계"라 하더라도 본질적으로 세계 바깥으로 기울어 있으며, 그로 인해 말하기에서 빠져나와 전적으로 행위의 편에 놓일 것이기 때문이다. "중요한 의미에서 주체는 실존하지 않는다. 주체에 관해서는 이 책에서 말할 수 없기 때문이다."(『논고』, 5.631)* 반면에 논리학은, 더 이상 말하기는 아니라 하더라도, 여전히 명제의 형식을 취한다. 비트겐슈타인에게 **주체적 명제**는 없다고 말해두자.

물론 비트겐슈타인은 주체라는 세계의 일자적 상관물 corrélat-Un이 사라짐을 그 자신의 존재로 삼으며, 사라지는 점[소실점]point évanouissant으로 제시되어야 한다는 점을, 결국 세계라는 주체의 접합물만이 남게 된다는 점을 명확

---

* 『논고』의 진술 5.631의 앞부분을 보면, 비트겐슈타인은 "내가 발견한 그대로의 세계"라는 가상의 책을 쓴다는 가정을 제시하는데, 여기에서 "이 책"이란 이 가상의 책을 가리키는 표현.

히 알고 있다. "현실"이 사실상 명제들의 집합이라는 점을 기억한다면, 진술 5.64는 라캉에 매우 가까이 다가간다. "유아론에서 말하는 자아Je는 연장 없는 점이 될 때까지 수축되고, 그 자아에 맞춰진 현실만이 남는다."

그러나 비트겐슈타인은 라캉과 달리 이런 사라짐에 대한 논리적 대수학을 만들어 내려 하지 않으며, 순전히 존재의 측면에 대한 편향을 다소간 줄여 나갈 존재/실존의 경계에 관한 위상학을 만들어 내려 하지도 않는다. 이런 점에서 비트겐슈타인은 더 이상 발전시킬 수 없는 하나의 이미지에 만족한다. 그는 심지어 대수학적 연산과 위상학적 연산을 지탱하기 위해 마련된 이러한 최소한의 존재론에도, 즉 라캉이 빈정거리면서도 결국 동의하기에 이른 최소한의 존재론에도 관여하지 않는다.

비트겐슈타인에게 "주체"는 공허한 보편성(논리학)과 실존의 근거가 되는 존재의 지점(존재론) 간의 역설적인 교차를 지칭하는 이름일 수도 있었다. 그는 이 가능성을 포기하고 논리학을 몰沒주체적이기에 전적으로 모호하게 존속하는 구조로 되돌린다("논리학은 선험적transcendantale이다"[『논고』, 6.13]).

만일 주체라는 이름 아래 논리학의 존재론이 실존했다

면, "주체"가 부분적으로 사유의 모티프라는 점에 동의해야 할 것이다. 그러나 비트겐슈타인은 주체를 침묵하는 행위에 **전적으로** 유보하려 하며, 심지어 이를 이론적인 것과 본질적으로 구별되는 정동[느낌]affect이라는 영역의 중심으로 삼고자 한다. "세계의 한계에 대한 느낌sentiment, 이것이야말로 신비한 것이다." 주체가 바로 세계의 한계라는 점을 기억한다면, 이는 다음과 같이 이해되어야 한다. 즉, 유아론적 주체가 나에게 드러나는 고독한 느낌이 바로 침묵의 느낌이라고 말이다.

[따라서] 실존으로부터 스스로의 존재에 접근하는 어떤 것은 사유가 아니라 행위의 영역에 **속할 수밖에 없다**.

12

반철학적 행위에 대해 말하는 것은 명백히 모순적이다. 더군다나 그러기 위해 우리는 전기적biographique 태도를 취해야 하는 분명한 (철학적) 곤란을 겪게 된다. 왜냐하면 세계의 의미라는 말할 수 없는 초월성을 향해 세계를 넘어섬을 몸소 증언하는 자는 바로 살아 있는 주체이기 때문이다. 나는 이런 측면에 관해서 몇 개의 구두점들을 찍는 정도로 그치려 한다.

1. 행위란 가치를 드러내는 것이다. 이로써 행위는 **차이**를 설정한다. 왜냐하면 세계 안에는 어떠한 차이도 없기 때문이다(모든 참인 진술들은 동일한 가치를 가지며, 이는 곧 그것들이 아무런 가치도 없음을 의미한다).

가치란 세계의 의미에 대한 심급인 동시에 신비한 것으로 규정될 어떤 특수한 요소(과학적 요소에 대립하는)로서 세계 안에 외존한다ek-siste. 행위란 어떤 개념도 없이 신비한 요소를 보여주는 것이다.

2. 능동적으로 드러나는 가치를 신이라고 부를 수 있다. 1930년대에 비트겐슈타인이 쓴 한 메모를 통해 이 점을 한 번 더 예시해 보자. "선한 것은 신성한 것이기도 하다. 이것

이 나의 윤리학을 요약한다." 행위는 "신"이라는 단어가 의미를 얻게 하는 것이다.

3. 행위와 글쓰기의 관계는 말해진 것 자체가 아니라 말해진 것의 효과와 관련되며, 그 효과가 암시하는 것은 말해진 것의 폐기이다. 이것이 『논고』의 마지막에서 두 번째에 위치한 진술 6.54의 의미이다.

> 나는 이로써 내 명제들을 통해 다음과 같은 사실을 밝히고자 한다. 나를 이해하는 누군가가 내 명제들을 통해—그 위에 올라—그것들 너머로 나아갈 때, 그는 마침내 그것들이 무의미함absurdité을 알게 된다. (이를테면 사다리를 다 올라간 뒤에는 그 사다리를 던져 버려야 한다.)
>
> 세계에 대한 올바른 시각을 갖고자 한다면, 그는 이 명제들을 넘어서야 한다.

행위란 글쓰기에 관해 던져 버리는 것, 넘어서는 것이다.

4. 글쓰기에서 행위의 가능성을 유발하는, 이른바 던져 버리거나 넘어서는 효과를 만들어 내는 원동력은 말하기 그 자체가 아니라 글쓰기의 기술과 관련된다. 의미를 이해하는 것으로는 충분하지 않은데, 왜냐하면 이해라는 요소

를 통해 의미 너머로, 즉 의미의 의미Sens du sens로 나아가야 하기 때문이다. 따라서 행위는 말하기 안에 있고 말하기를 통해 드러나지만 말해진 것 너머에 있는 의미를 침묵 속에 폐기한다는 점에서 분명히 원元미학적이다.

1919년에 피커에게 보낸 한 편지에서, 비트겐슈타인은 『논고』에 대해 다음과 같이 말한다. "이 책은 엄격하게 철학적인 동시에 문학적입니다. 그렇지만 그 안에 장황한 객설은 없습니다." 장황한 객설이란 형이상학적인 의미에서의 철학이다. 장황한 객설에 대한 이의 제기는 아래의 사항들과 동시에 관련된다.

- (세계 안에서) 의미sens에 복무하는, 엄격하고 과학적이며 논리적인 **물질**
- (세계, 삶, 주체의) 의미Sens에 복무하는, 원미학적이고 문학적인 **행위**

1912년에 러셀은 (당시 아직 교우 관계를 유지하고 있던 비트겐슈타인에 대해) 다음과 같이 쓴다. "그는 완벽한 작품이 아니면 아무것도 창조하려 하지 않는 예술가의 입장에서 사물들을 직감한다voit*." 그것은 직감vision이 아니라 의무이다(니체가 전례 없이 아름다운 독일어를 써야 할 의무가 있다고 생각했던 것처럼 말이다). 왜냐하면 행위는 작품이 말하는 바로부터가 아니라 완벽함으로부터 유발되기 때문이다.

5. 원미학적 행위의 효과는 사유나 교설이 아니라 한계라는 측면에서 파악된 삶(혹은 세계)을 의미하는 주체에 관련되어야 한다. 이것이 원미학적 행위가 기독교의 한 가지 요소로 존속하는 이유이다. 1940년대에 쓴 일기에서 비트겐슈타인은 이렇게 쓴다. "내가 생각하기에 기독교가 말하는 것들 가운데 하나는 모든 훌륭한 교설이 쓸모없다는 것이다. 즉 당신은 자신의 삶을 변화시켜야 한다."

6. 삶을 변화시키는 능력은 누군가가 구원받았음을 적극적으로 나타내는 것이며, 이는 모든 믿음에, 따라서 모든 교설에 앞서는 것이다. 왜냐하면 구원받는다는 것은 행위의 돌발적인 발생에 다름 아니기 때문이다. (1937년의) 한 메모에서 비트겐슈타인은 이렇게 말한다. "우선 당신은 구원받아야 하고 당신의 구원을 붙잡아야 한다. 그러면 당신

---

* 레이 몽크의 『비트겐슈타인 평전』에서 인용한 부분으로, 몽크는 'feeling'이라는 말을 쓰고 있으나, 바디우는 'voir'(보다)를 사용하고 있다. 여기에서는 원문과 바디우의 인용 양쪽의 의미를 절충하여 'voir'를 '직감하다'로, 이후에 따라 나오는 'vision'을 '직감'으로 옮겼다.

은 자신이 이 믿음(부활)을 꽉 붙잡고 있다는 것을 알게 될 것이다. 우선 구원받아야 한다. 그러고 나면 모든 것이 달라질 것이고, 당신이 지금 할 수 없는 것들을 할 수 있게 된다 해도 그것은 놀라운 일이 아닐 것이다." 행위는 **구원의 선행성**을 본질로 삼는다.

7. 따라서 구원의 첫 번째 표시는 이전에는 그럴 법하지 않고 계산할 수 없으며 심지어 "불가능하다"고 여겨진 어떤 결단décision이다. 그래서 비트겐슈타인은 자신의 삶에서 다음과 같은 결단을 내렸던 것이다. 제1차 세계대전 중에 사병이 되겠다는 결단, 1919년에 상속을 포기하고 일개 교사가 되겠다는 결단, 평범한 육체노동자가 되기 위해 소비에트 러시아로 떠나겠다는 결단을 말이다.

이러한 결단들 가운데 어떤 것도 제대로 "유지되지" 않았고, 어떤 것도 지속되지 못했다. 어쨌든 비트겐슈타인은 결국 케임브리지에서 교수가 되는데, 이는 (사유에 있어서는) 이치에 맞는 일이었지만, 행위의 견지에서 볼 때에는 불합리하고 심지어 역겨운 일이었다. 이러한 결단들은 누군가가 구원받을 수 있다는 표시로 기능한다. 관건은 행위를 통해 정화된 주체가 **지탱할** 수 있는 어떤 것에 대한 경험이다. 이해나 앎 혹은 사유가 아니라 지탱하는 것이 중요하다. “용기에 대해 말할 때 내가 의미하는 것은 짐을 지고 그 것을 지탱하기 위해 노력하는 것입니다. (…) 나 자신이 짐을 지탱하는 데 아주 뛰어나지는 않습니다. 하지만 어쨌든 이것이 내가 말해야 할 전부입니다.”(제2차 세계대전 중에 롤랜드 허트Rowland Hutt에게 보낸 편지에서 발췌)

8. 결단에 뒤따르는 고백이 구원의 두 번째 표시이다. 루소가 그랬듯이 비트겐슈타인은 1929년이 끝나갈 무렵 자서전 집필을 계획한다. 모리츠 슐리크Moritz Schlick에게 보낸 한 편지에서 드러나듯이, 이 구상은 “계시”[명료함]clarté를 만들어 내려는 것이고, 그 자체로 행위가 가진 힘의 표시였다. “내 안에 있는 무언가가 내가 내 자서전을 쓰라고 말하는데, 사실 나는 언제나 내 삶을 내 앞에 명료하게 펼쳐 내어 내 눈으로 보고 또한 다른 이들에게도 보여주고 싶습니다. 그리고 이는 내 삶을 재단하기 위한 것이 아니라 어떤 방식으로든 계시[명료함]와 진리를 생산하기 위한 것입니다.” 전기적 고백은 다큐멘터리가 아니며, 사법적 “검토”의 차원(명제와 현세적mondain 의미에 따른 “진리”로 되돌아가는 것)에 속하지도 않는다. 그것은 깨달음lumière의 생산물인 것이다.

1936년 성탄절에 비트겐슈타인은 자신의 고백을 경청할

몇몇 친구들을 불러 모았다. 가장 중대한 죄과는 15년도 더 전에 교사였을 때 비트겐슈타인이 아이들에게 저지른 난폭한 행위(실제로 매우 심각했던)라고 여겨졌다. 그리고 실제로 (이것은 구원을 표시하는 결단, 결코 있을 법하지 않은 결단의 한 사례일 텐데) 그는 아이들과 그 아이들의 가정에 사과하기 위해 그가 예전에 교사로 가르쳤던 오스트리아의 한 마을로 돌아갔다. 그는 그 행위의 결과에 흡족했다("우선 구원받아야 한다"). "작년에 나는 스스로를 다잡아 고백을 했다. 이는 나를 더욱 고요한 바다로, 사람들과 더 나은 관계로, 더 커다란 진지함으로 인도했다."

고백은 행위에서 유래하며, 그 역은 아니다. "죄의식은 진정한 사건입니다."(슐리크에게 보낸 편지에서 발췌)

9. 집단성le collectif의 관점에서 볼 때, 행위의 실체는 일반적인 의미에서 정치가 아니다. 비트겐슈타인은 권력의 형태라는 문제에 아무런 관심도 없다. 노동자들의 자유를 포함하여 스탈린 치하 러시아에서 드러난 전적인 자유의 부재를 거론하는 한 친구에게 비트겐슈타인은 어깨를 으쓱하며 이렇게 대답했다. "독재는 나를 분노하게 하지 않네." 행위는 오직 원元미학적 평등을 명령하며, 불평등은 그저 세계의 추한 모습일 뿐이다. 오직 이러한 의미에서 비

트겐슈타인은 (롤랜드 허트에게) "나는 마음속 깊이 공산주의자입니다"라고 선언할 수 있었던 것이다. 사역使役의 익명성 가운데 다른 사람들과 섞이는 편이 더 훌륭한 행동이다. 그리고 이를 모든 사람에게 가능한 것으로, 심지어 의무적인 것으로 만드는 사회가 최선의 사회이다. 관건은 사실상 교의dogma 없는 사제의 형상을 일반화하는 것이다.

10. 형식이라는 측면에서 『논고』에 비견되어야 할 텍스트는 말라르메Stéphane Mallarmé의 『주사위 던지기는 결코 우연을 없애지 않을 것이다』*Un coup de dés jamais n'abolira le hasard* 정도일 것이다. 명제들의 단언적이고 위계화된 전개, 수학적 엄격함과 결합된 은유적 긴장, 형상들의 잠재적인 아이러니, 책Livre*을 "넘어서는 것"에 관련되지만 여전히 유지되는 절대적인 자기만족, 이 모든 특징들이 상반된 목적을 지니지만 그럼에도 논리Logique와 우연Hasard, 존재와 실존 사이의 분리를 고정하고자 하는 이 두 기획을 짝짓는다.

11. 내용에 관해 말하자면, 언어에 대한 교설, 전기를 쓰

* 이 '대문자 책'은 말라르메가 쓰려고 했으나 실제로 쓰지 못했던 세계의 모든 것을 포함하는 책이다.

고자 하는 충동, 신앙의 관점에서 본 구원의 선행성, 신비한 요소, 세속적 사랑에 대한 양가적 관계, 코기토와 주체적 순수성에 대한 초현세적 이론, 기독교를 주체화하고자 하는 시도, 그리고 마지막으로 추상적인 문학적 대담성, 이 모든 것들의 내밀한 연합은 비트겐슈타인과 그보다 훨씬 앞선 시대를 산 『고백록』의 저자 성 아우구스티누스가 마치 형제와 같은 관계에 있음을 보여준다.

12. 비트겐슈타인은 성 아우구스티누스처럼 교회를 재정초하지 않았으며, 말라르메처럼 시를 재정초하지도 않았다. 자기 행위에 대한 증언에서 결국 다른 모든 사람들과 다를 바 없는 그의 빈약한 실존을 제외한다면, 거기에는 오직 부정적인 자세만이 남을 뿐이다.

아마도 실존하지 않을 이런 행위에 주체에 활기를 불어넣을 수 있는 것은 아무것도 남아 있지 않을 수 있으며, 그럴 공산이 크다. 사유를 넘어서는 어떤 것에 의해 규정되고 전달될 수 있는 것은 오로지 사유밖에 없다. 그리하여 반철학자 비트겐슈타인은 이제 철학으로 **넘겨진다**.

주

1. 이 글 전체에 걸쳐 나는 1990년에 에티엔 발리바르Étienne Balibar가 파리1대학 학생들을 위해 작업한 『논고』 번역본을 사용했다. 이 번역본은 아직도 "출판되지 않은" 복사물 상태이다. 원고를 넘겨 준 발리바르에게 감사를 표한다.
2. 비트겐슈타인의 생애, 일기, 메모 등등에 관련하여 사용된 참고자료의 주요 출전은 다음과 같다. Brian McGuiness, *Wittgenstein*, traduit de l'anglais par Yvonne Tenenbaum, Éditions du Seuil, Paris, 1991; Ray Monk, *Wittgenstein: le devoir de génie*, traduit de l'anglais par Abel Gerschenfeld, Éditions Odile Jacob, Paris, 1993[레이 몽크 지음, 『비트겐슈타인 평전』, 남기창 옮김, 필로소픽, 2012].
3. 비트겐슈타인에 대한 라캉의 가장 중요한 발언들은 세미나 17권 『정신분석의 이면』*L'envers de la psychanalyse*, texte établi par Jacques-Alain Miller, Éditions du Seuil, 1991에 등장한다. 특히 1970년 1월 21일 세미나 참조.
4. 비트겐슈타인을 다룬 책의 수는 이미 어마어마하게 많고, 모든 전후사정을 고려할 때 그 수가 모든 기록을 깰

때까지 끊임없이 늘어나리라 예견된다. 어떤 의미에서 이런 길을 인도한 사람은 바로 비트겐슈타인 본인이었다. 그의 사후에 충실하게 취합되고 편집된 그의 모든 "말들"이—내 생각에는—어떤 의미에서 『논고』라는 매우 간결하게 쓰인 유일무이한 텍스트에 대한 어쩌면 매우 파괴적인 주석일 뿐임을 고려한다면 말이다. 그러므로 진정으로 측정해야 할 것은 은하계의 별들만큼이나 많은 주석들과 매우 적은 수의 원문 간의 관계이며, 이러한 관계의 측정은 반철학 일반을 해명해 줄 것이다. 장-클로드 밀네Jean-Claude Milner에게 빌린 한 경구(라캉에 대한 주석 더미와 관련된)에 따라서, 이러한 관계 속에 나 자신을 기입하면서, 확실히 내게는 다음과 같이 선언하지 않을 악의는 없다. "비트겐슈타인에 관한 모든 책은 훌륭하다."

2장
비트겐슈타인의 언어들

모든 훌륭한 교설은 무용하다. 당신은 자신의 삶을 변화시켜야 한다.

나는 비트겐슈타인의 언어들을 구체적으로 기술할 수 없다. 그러려면 영어가 독일어에 미치는 영향을 측정해야 하고, 오스트리아의 특이성과 비트겐슈타인의 망명으로 인한 중층결정surdétermination 간의 간극을 생각해야 할 것이다. 무엇보다 모든 반철학에 고유하게 나타나지만 우리가 다루고 있는 사례에서 한층 심화되는, 구어적 전달과 글쓰기 사이의 관계를 자세히 평가할 필요가 있다. 비트겐슈타인에게는 강압적이고 권위적인 소크라테스의 형상이라 할 수 있는 지도적[교육적] 패러다임paradigme didactique이 있는데, 교사가 되려는 그의 소망—한때 매우 갑작스럽게 실현되기도 했던—은 바로 이 패러다임에 대한 윤리적 환상이었다. 케임브리지 시기에 시작된 비트겐슈타인의 글쓰기 언어langue écrite는 가장 세심한 분절적 운율scansion에서 이 패러다임에 의해 특징지어진다. 그것은 메모들 혹은 짧은 기술들로 이루어진다. 모든 것은 연구 노트의 형태로 쓰인다. 말하자면 교사 비트겐슈타인은 자기 자신의 학생이었던 것이다.

그러므로 나는 좀 더 제한된 사안을 다루는 데 그치고자 한다. 이른바 비트겐슈타인의 수사법에 관해서, 즉 철학적인 혹은 반철학적인 그의 문체론stylistique의 내적 변형에 관해서 말이다. 이 문제는 담론들의 배치에 관해 검토하여 그의 사유의 두 시기(매우 거칠게 나눠서 『논고』의 첫 번째 시기와 『철학적 탐구』의 두 번째 시기) 사이의 고전적인 대립이 무엇을 의미하는지에 관해 살피는 것이다.

이 검토는 세 가지 사실관계에 의해 이미 매우 복잡해져 있으나, 그 진부함으로 인해 이 사실관계들이 우리의 문제로 돌입하는 가장 핵심적인 관문을 구성한다는 측면이 가려지지 않도록 해야 한다.

a. 비트겐슈타인이 생전에 본인의 감수를 거쳐 출판한 책은 『논고』 단 한 권뿐이다. 게다가 이 책은 서문의 유명한 진술에 책의 종결에 관한 조항을 포함하고 있다. "여기에 발표하는 사유들의 진리는 내가 보기에 손댈

수 없을 정도로 결정적이라 여겨진다. 나는 또한 검토된 문제들을 그 본질적인 측면에서 결정적으로 해결했다고 믿는다." 비트겐슈타인의 유일한 "책"livre이 다른 모든 책의 무용함을 명시적으로 진술한다고 하자. 그렇다면 그 책은 마땅히 말라르메적이라 불릴 법한 어떤 꿈에 부합하는 책Livre인 셈이다.

b. 두 번째 문헌인 『철학적 탐구』는 그 자체로, 혹은 심지어 저자의 눈으로 보더라도, 완벽하거나 만족스럽다고 여겨질 수 없다.

c. 모든 나머지 텍스트는 기록문서에 속한다. 그 기록은 강의 준비용 원고 또는 강좌나 대화 중에 적어 놓은 메모들, 혹은 그것도 아니라면 고전적 전기傳記의 문체에 따라 쓰인 일화, 대담 및 교훈적 이야기들이다.

물론 여기에서 관건은 일종의 경계선에 관한 것이기는 하지만(극히 간명하고 유효한 몇몇 문장들에 집중된 단 하나의 텍스트가 있을 뿐이고, 나머지는 모두 그냥 구어의 가장자리에 위치한 작업장이다), 우리는 또한 하나의 영원한 단독성을, 즉 철학적 글쓰기의 언제나 대각선적diagonal이고 불확실한 지위를 다룬다. 이 점과 관련하여 자크 데리다Jacques

Derrida는 목소리Voix의 우위를 비판하는 논쟁적인 정신을 취하면서 매우 중요한 몇 가지 사안을 언급한 바 있다(나 자신은 이러한 입장에 대해 거리를 둔다). 이론의 여지가 없는 것은 철학의 전략이란 스승Maître의 전략이며, 철학은 사람들을 스스로의 제자disciples가 되도록(다시 말해 사유 안에서 **훈육되도록***disciplinés*) 요구하는 가운데 언제나 그들과의 구술적 대면을 우선시한다는 점이다. 토론, 세미나, 학교, 강의 등은 이런 합리적 설득의 과제를 수행하기 위한 매개들이다. 아리스토텔레스로부터 헤겔주의의 산더미 같은 저작을 거쳐 라캉에 이르기까지, 사변적 도서관의 가장 엄숙한 고유명들 하에서 우리가 읽는 것을 쓴 사람이 과연 누구인지 우리는 결코 확실히 알지 못한다. 우리가 아는 것은 그저 지면이 넘어감에 따라 그 누군가의 사유에 열광하는 제자의 맹목적인 헌신이 펼쳐진다는 것뿐이다. 심지어 철학자가 글쓰기를 통해 내밀한 작업을 진행해 나갈 때조차 우리는 무한한 노동의 현상을 대하게 된다. 말하자면 분석의 내적 진행 외에 다른 목적이 없는 지면들의 먹칠 작업norcissement을, 되풀이되는 말이나 주관적 미로 속에 고착된 난해함으로 인해 읽을 수 없게 된 지면들을, 마치 우리가 라이프니츠나 후설Edmund Husserl의 작품 전집과 같은 어떤 것을 이해하려고 시도할 때 무력하게 목도하는 그러한 것을 마주하는 것이다. 철학자는 대개 청중을 사로잡는 자신의 말을 다른 이들이 받아쓰게 하거나, 어떠한 만족도 없이 사유에 대한 끝없는 메모만을 쥐고 있을 뿐이다.

그렇다면 철학자의 모국어는 강의 혹은 아예 연습이며, 기껏해야 교본manuel일 뿐이다(교본은 데카르트의 취향이다). 책은 작품이라는 의미에서 언제까지나 이차적인 것이다.

이러한 책의 이차성에 따른 귀결은 무엇보다 구문론에 관련된다. 철학적 담론은 동의의 효과라는 관점 속에 배치되는데(그리고 중요한 것은 이러한 측면에서 아리스토텔레스, 데카르트, 하이데거Martin Heidegger 사이에 아무런 차이도 없다는 점이다), 이러한 동의의 효과는 심지어 가능한 모든 반론들을 예상하는 가운데 도출된 것이어야 한다. 바로 이 때문에 언제나 **육중한** 구문론[구문 구성법]syntaxe이 등장하게 된다. 말하자면 그러한 구문론은 끊임없이 똑같은 못을 박고 있음을, 혹은 더 정확히 말해서, 어떤 방식으로 망치를 쥐더라도 똑같은 못을 박고 있다는 점을 강조하는 것이다. 이런 점에서 어떤 철학이 스스로를 "개방적"이라거나, 해체적이라거나, 혹은 더 나아가 회의주의적이라고 선언하면 할수록, 그 자체를 되풀이하는 기교들은 더욱더 엄격해진다. 운명으로부터 해방되라는 권고 혹은 형이상학을 해체하라는 권고보다 더 구문론적으로 단조로운 것은 없다. 철학은 (다른 경우에 정신의 자유에 관해 나팔을 불어 대는 철학의 선언이 무엇이건 간에) 이질적인 것이 통과할 수도 있는 틈새나, 기만이 스며들 수 있는 노출된 부분도 남겨 두지 않는 방식으로 담론을 조직하는 것이다.

하지만 의미론적 귀결들 역시 마찬가지로 의미심장하다. 그 말들은 때로 아무리 평범하다 하더라도(결국 신, 영원성, 영혼, 이념은 매우 평범한 말들이다), 언제나 설득이라는 목적에 의해 전치되며, 비틀림과 미지의 주변부에 할당되는데, 이는 그 말들이 정신의 보편적인 집결을 위한 기준으로 기여해야 하기 때문이다. 철학에서 말들은 강압적이고 당황스러운 의미를 취한다. 그 말들은 체계적인 노력에 의해 공리화되는 동시에 수사적인 힘energie에 의해 시화詩化된다poétisés. 또한 말이 지나치게 존속될 경우, 우리는 분명히 새로운 말을 만들어 낸다. 그 누가 "초월", "현실성", "본체", "대상 a" 같은 말을 그냥 듣는다면, 절대적인 엄격함의 약속이 헤아릴 길 없는 심오함의 매력적으로 모순적인 약속과 뒤섞여 있다는 역설적인 느낌을 받지 않을 수 있겠는가?

철학의 지도적didactique 목적은 수학에 의해 지속적으로 시도된 구문론과 난해한 시에 의해 지속적으로 시도된 의미론을 결합시킨다. 철학은 하나의 동일한 운동 가운데 투명한 일의성과 절대적 다의성을 열망한다.

비트겐슈타인의 경우, 육중한 구문론적 효과는 『논고』에서 단 한 번만 시도될 뿐이다. 관건은 (말해질 수 없기에 작품의 형식을 취할 수 없는 것 이외에는) 어떠한 외부도 없는 작품을 생산하는 것이다.

무한히 육중한 『논고』의 구문론은 두 가지 원칙의 지배를 받는다.

1. 전적인 단언[긍정]affirmation의 원칙. 실제로 텍스트 전체에 걸쳐 의문문은 단 하나도 없다. 비트겐슈타인의 구문 구성법은 놀라움, 의심, 아포리아에 이르는 대화, 질문을 던지는 긴박감으로 이루어지는 전반적인 플라톤적 수사의 정반대에 해당한다. 그것은 자신의 일관성을 스스로에게만 의지하는 경구aphorisme의 문체이다. 여기서 우리는, 비록 글쓰기에서 전혀 다른 방식으로 전개된다 하더라도, 비트겐슈타인에게 지속되며 심지어 증폭될 어떤 주체적 특성을 간파하게 된다. 그것은 호의적으로 보자면 침착함이라 부를 법한 것이며, 라캉 같은 정신분석가의 거만한 태도

에서 보자면 정신병phychose이라 명명할 법한 것이다. 말하자면 그 주체적 특성은 참Vrai을 표현하는 수단으로서의 확실성인데, 이는 때로 [자신이] 그런 기능에 도덕적으로 미달된다는 양심으로 인해 불순해지곤 한다.

2. 기수법記數法, numération에 의해 코드화된 편집[합성]montage의 원칙. 이 원칙은 논증적인 연쇄의 원칙이 아니다(『논고』에서 단계적으로 해결에 이르는 문제는 없으며, 비트겐슈타인의 문체는 모든 것을 단번에 딱 잘라 해결해 버린다). 이는 종속의 원칙 또한 아닌데, 왜냐하면 『논고』의 비트겐슈타인에게는 모든 참된 진술들이 서로 등가적이기 때문이다. 이는 분명히 명제들의 계산이 지닌 형식적 특성을 드러내지만, 더욱 근본적으로 볼 때, 이는 말할 수 있는 것 안에는 말해진 것의 중요성에 대한 어떠한 규범도 없음을 의미한다. 사실 편집물과 그 숫자로 된 장식은 도면들의 조합을, 즉 전체적 가치를 지닌 것과 국지적 예시일 뿐인 것 사이의 유연한 관계를 나타낸다. 이렇게 경구로 이루어진 도면들의 진열은 말할 수 있는 것이 위치한 장소인 세계와 말할 수 없는 것 혹은 신비한 요소가 위치한 장소인 세계의 의미 사이에 배치된다.

『논고』의 의미론은 다의적인 변형의 지배를 피하지 못한다. 그 전형적인 사례가 "의미"Sinn라는 말의 의미인데, 그 단어는 (가능한 진리의 영원한 토대인) 명제의 의미와 원元미학적(또는 이와 동일한 말인 원元윤리적) 행위의 말할 수 없는 체험을 통해 보여줄 수 있을 뿐인 세계의 의미 혹은 가치 사이에서 다의적으로 순환한다.

마지막으로, 한편으로는 전형적인 번호 매기기라는 외적인 장치들과, 다른 한편으로는 새로이 수학화된 논리학에서 차용한 내적인 엄격함의 외양을 지닌 구문론적인 편집[합성]의 원칙은, 철학이 언제나 그런 것처럼, 유혹과 집결을 뒷받침하는 틀을 짜게끔 되어 있으며, 이것이 바로 불가피한 의미론적 변이이다. 비트겐슈타인의 유일한 책에서, 모든 임명은 (경험적이고 현세적인) 진리의 측면과 (초현세적이고 명명 행위 자체를 해지하는) 가치의 측면 간의 합성에 의해 유예된다.

이것이 바로 비트겐슈타인의 언어가 그 내부로부터 극심한 긴장에 처하게 되는 이유이다.

우선 구문론적 육중함, 말할 수 있는 것과 말할 수 없는 것 사이에 배열된 도면들의 확정적인 제시라는 발상, **경구적 완전함**이라 부를 수 있을 법한 모티프, 이 모든 것은 결국 비트겐슈타인 자신이 보기에도 비본질적인 특성에 의해 조건 지어진다는 사실에 주목하도록 하자. 말하자면 [저자에 의해] 제시된 구문론이 더욱 완벽하고 단호할수록, 제시된 **어떤 것**은 저자의 숙고에서 결정적인 중요성을 갖지 못한다. 물론 모든 문제는 해결되지만 이는 어디까지나 "이 문제들의 해결이 얼마나 하찮은 것인가를 보여주기" 위해서일 뿐이다.* 본질적인 것은 언어를 넘어 행위의 차원에 있다. 왜냐하면 오직 행위만이 가치를 드러낼 수 있기 때문이다.

1940년대에 비트겐슈타인은 교설의 방향을 확정해 달라는 전도유망한 제자의 요구에 대해 흔히 그랬던 것처럼 다음과 같이 선언한다. "모든 훌륭한 교설은 무용하다. 당신은 자신의 삶을 변화시켜야 한다."

이러한 "삶을 변화시키는 것"의 일방적인 중요성이 비트겐슈타인의 랭보적 측면인 반면, 편집[합성]의 원칙에 건네진 관심, 지면의 배치, 비본질적인 구문론적 육중함은 비트겐슈타인의 말라르메적 측면이라고 할 수 있다.** 말하자

* 『논고』의 서문 마지막 단락 참조.

** 이 논점과 관련하여 바디우의 저서 『조건들』 '2장 철학과 시'를 참고할

면 『논고』는 『주사위 던지기는 결코 우연을 없애지 않을 것이다』의 형식으로 쓴 『지옥에서 보낸 한 철』*Une saison en enfer* 같은 것이다. 그 텍스트에는 엄청난 압력이 가해지며, 독자들은 이 압력을 즉각적으로 감지할 수 있는데, 요컨대 우리가 정말로 이 텍스트를 읽고 있는 중인지—이런 정황에서 독서란 무엇을 의미하는지—에 관해서 그리고 지면 위에 써진 것이 정말로 "읽을 수 있는 것"에 속하는 것인지에 관해서 알 길이 없다는 점에서 그렇다.

내 생각에 이 걸작 특유의 참을 수 없는 측면에 해당하는 그 명백한 독특성, 즉 이러한 길 혹은 이러한 형식을 **지속**해야만 한다는 그 명백한 부조리가 차후에 실행된 육중한 구문론과 경구적 완전함에 대한 기각을, 그리고 이에 정확하게 반대되는 문체로의 전환을 해명해 준다. 이를테면 답변 없이 계속되는 질문, 화를 낼 수밖에 없도록 정해진 질문, 단언의 전적인 부재로 이루어진 문체로의 전환에 관해서 말이다. 말하자면 그것은 괴롭히기[고문]tourment와 찌르

수 있다. 여기에서 바디우는 말라르메와 랭보의 시작詩作 방식에 대해 논한다. 이에 따를 때 랭보의 방식은 중단이며, 진리 혹은 말할 수 없는 것을 단번에 붙잡고자 하는 성급한 욕망인 데 반해, 말라르메의 방식은 감산(빠져나옴)과 분리이며, 진리에 대한 추론을 견뎌 내는 인내 혹은 충실성을 나타낸다.

기[신랄한 말]piqûre를 동반한 벌abeille의 문제로 명명될 수 있을 것이다. 늘 그랬던 것처럼 비트겐슈타인은 이 문제에 관한 자신의 의도를 다음과 같이 설명한다. "모순은 그것이 인간을 고통스럽게 할 때, 따라서 다급한 문제들이 어떻게 언어로부터 솟아오를 수 있는지 보여줄 때에만 흥미롭다." 즉 언어적 고통의 도입은 모든 내면적 평화를 명확히 하기 위한 것이며, 아무리 그럴 법하지 않다고 하더라도, 모든 내면적 평화는 담론의 영역이 아니라 행위의 영역에 속한다고 보장할 수 있다는 것이다.

따라서 비트겐슈타인의 수사법은 인상적이지만 비본질적인 육중함으로부터, 본질적이지만 자극적이고 기만적인 괴롭힘harcèlement으로 넘어간다. 침착함(혹은 정신병?)의 유지는 가장 난해한 연습문제들을 통해 과시되는 타당성 안으로 도피한다. 그는 거의 언제나 "우리는 이렇게 말할 수 있을 것인데, 이를테면…", "우리는 …라고 상상할 수 있을 것이다"와 같은 말로 논의를 시작할 것이다. 이 두 번째 수사법, 즉 벌과 같이 맴도는[현기증 나는]tourbillonnant 언어의 전형적인 예를 들어 보도록 하자.

'우리는 십진수 체계에서 어떻게 셈을 하는가?' — "1 다음에 2를, 2 다음에…, 13 다음에 14를, … 123 다음에 124를 기입하며, **계속 이와 같이** 기입해 나간다." — 이것은 확실히 무언가 간과하는 것이 있기는 하지만 "계속 이와 같이"라는 말만큼은 이해하는 사람을 위한 설명이다. 그리고 그 이해라는 것은 생략을 통하지 않는 이해를 의미하며, 지금 그가 머릿속에 내가 든 예보다 훨씬 더 긴 수열을 상상하고 있음을 의미하지 않는다. 그가 '계속 이와 같이'를 이해한다는 것은 그가 지금 특정한 적용들을 실행하고 있으며, 그가 특정한 경우에 그것을 말하고 그렇게 행동한다는 데서 드러난다.

'우리는 십진수 체계에서 어떻게 셈을 하는가?' — … … … — 지금 이것이 그 답이 아닌가? — 하지만 '계속 이와 같이'라는 말을 이해하지 못한 사람에게는 답이 아니다. — 그러나 우리의 설명이 그에게 이것을 납득시킬 수 있지 않을까? 우리의 설명을 통해 그는 그 규칙의 개념을 얻게 되지 않을까? — 지금 그가 이 개념을 얻었다는 사실의 준거가 무엇인지 자문해 보라. 그렇다면 나를 제약하는 것은 무엇이란 말인가? — 그 규칙의 표현? — 그렇다, 일단 내가 그런 식으로 교육받았다면 말이다. 그러나 나는 그 규칙이 그것 자체를 따르도록 강제한다고 말할 수 있을까? 그렇다, 여기서 우리가 그 규칙을 따라 가야 할 노선이 아니라 우리를 매혹하는 마술적인 주문으로 생각한다면 말이다.

비트겐슈타인의 가장 비실존적인 "책들" 중 한 권(1937~1944년의 기간까지 거슬러 올라가는 메모 글들을 사후에 엮어 출간한 『수학의 기초에 관한 고찰』)에서 인용된 저 단락 역시 "두 번째 시기"의 벌처럼 맴도는 공격적이고 수축적인 문체를 특징적으로 드러낸다. 그 누구도 제기할 생각조차 하지 못했던 문제, 역설적인 대답과 곧바로 이어지는 자가당착적인 대답, 모든 대답을 문제로 바꾸며 다시 역방향으로 바꾸는 전환, 유난히 추상적인 "구체적" 예시, 동요하는 불확실성의 간략한 수사법, 그리고 모든 담론을 현기증이 나도록 밀어붙이는 동시에 모든 가상의 독자를 향한 비난이기도 한 히스테리화 사이에서, 그 텍스트는 결국 정립position이 아닌 폐기déposition를 강요한다. 심지어 이를 항복이라고 말할 수도 있을 것인데, 바로 그것이 본질적인 괴롭힘harcèlement의 주체적 본질이다. 왜냐하면 결국 그 괴롭힘의 목표는 오로지 규칙들이 있을 뿐이며, 이 규칙들의 실효성이 인간학적 특수성의 지배를 받는다고 정립하는 것이기 때문이다. 그것이 바로 수열의 논리와 "우리를 매혹하는 마술적인 주문"을 비교할 수 있는 이유이다.

단언의 구문론에 입각한 비본질적인 육중함은 은닉된 경구적 조합이었으며, 그 궁극적 보증은 존재론, 즉 대상들의 존재론이었다. 반면 본질적인 괴롭힘은 규칙들의 우발적인 복수성pluralité과 모든 존재론의 근절을 위해 수행되는 육중한 증거들의 인간학적 분해désagencement이다.

비트겐슈타인의 언어들은 그 자체로 다양하다(하지만 나는 이에 대한 지나치게 상세한 논의를 원치 않는다). 비트겐슈타인이 사용하는 첫 번째 언어는 근본적으로 니체의 언어 곧 긍정[단언]affirmation이라는 위대한 정오Midi의 언어이다. 이 언어의 의미심장한 통일성은 경구를 통해 드러나며, 이 언어의 패러다임은 시의 끓어오르는 냉정함에서 나타난다. 그것은 고통받는 동시에 압제하는 독일어이다. 비트겐슈타인의 두 번째 언어는 영어라는 설계도를 밑에 감추고 있는 지도 방식[교수법]didactique과 끊임없는 심문으로 점철된 고의로 부차적인 언어이며, 이는 구문에 의해 지나치게 단단하게 굳어진 모든 긍정을 형이상학적 무례함으로 간주한다.

이렇다고 할 때 비트겐슈타인의 언어들에 불변항은 있

는가? 물론 있다. 여전히 관건이 비트겐슈타인이라면, 어떤 의미에서 그런가? 당연히 관건은 언제나 반철학자 비트겐슈타인이다. 이를테면 결국 수학적 오만의 상대자이자 플라톤의 적대자로서의 비트겐슈타인인 것이다.

우선 부정적 측면에서. 만일 어떠한 분과 학문도 인간학적 산종dissémination에서, 모든 제약에 의해 규제된 우연성에서 빠져나갈 수 없다고 주장한다면, 가장 명백하게 보편적인 필연성을 재현한다고 상상하는 경향이 있는 언어, 즉 계산과 증명의 언어에서도 마찬가지 사정에 이른다는 점을 먼저 입증할 필요가 있다. 말하자면 수학을 폐기하는 것이 문제의 핵심이다. 그러나 그 목표는 『논고』에도 나타나는데, 이는 결국 수학이라는 동일한 이유, 즉 어떤 순수한 언어를 사유에 제안한다고 상상하는 수학이 형이상학적 (즉 플라톤적) 혼동이 창궐하는 쥐구멍이라는 이유 때문인 것이다. 가령 이런 인용구를 살펴보자. “형이상학적 표현의 오용으로 수학만큼이나 많은 죄과를 저지른 종교는 없다.” 수학이 철학적인 성격의 죄과를 범한다는 신념은 비트겐슈타인의 모든 문체를 가로지른다.

긍정적 측면에서 볼 때, 비트겐슈타인의 언어는 강압적인 경구 또는 지도적인[교육적인] 괴롭힘을 통해 작동하며, 그 근본적인 가치는 행위의 차원에 있으며, 따라서 판단의 게임에서 빠져나온다. 이것 또한 하나의 상수이며, 말해지거나 쓰인 것 전체를 비본질적인 것으로 나타낸다. 언어 게임이라는 인간학적 산종이 지시하는 것은 개념이 결여된 윤리적 선택의 급진성, 즉 비트겐슈타인의 기획 전반에 걸쳐 등장하는 신비한 요소, 신, 신성한 것과 같은 불확정적인 말에나 어울릴 뿐인 급진성이다. 1930년의 한 메모에서 선언하는 그대로, "선한 것은 신성한 것이기도 하다. 이것이 나의 윤리학을 요약한다." 삶의 본질은 말할 수 없는 것으로 남는데, 왜냐하면 삶의 관건은 "짐을 지고 그것을 지탱하기 위해 노력하는 것"에 있기 때문이다.

따라서 언어의 궁극적 가치가 윤리적 무가치와 인간학적 상대성 사이에서 동요하는 이상, 경구와 그 수적인 공간내기espacement를 대체하는 것은 은유의 차원에, 심지어 순수하고 단순한 근사近似의 차원에 관련된다. 이를테면 구문론적으로 말해서 규칙들의 규칙은, 따라서 일의적인 문체는 있을 수 없다. 그리고 의미론적으로 말해서 절대적인 것은 행위에 속하기 때문에, 의미작용들은 모두 규제되는 동시에 변동한다.

매우 일관된 방식으로, 일의성의 강압적 문체론stylistique

에 뒤이어, 그러나 근본적으로 동일한 이유들로 인해, 말의 용법에 대한 규칙이 없다는 것을 인정하거나 혹은 주장하는 글쓰기가 이어진다. 이때 괴롭힘은 법칙 없는 명령과 같은 어떤 것이다. 혹은 달리 말해 모든 윤리적 문체는 언어적 측면에서 볼 때 유아론唯我論적인 것인데, 이것이 의미하는 바는 언어가 오로지 그 자체의 즉각적 효과들에 의해서만 측정될 수 있다는 것이다.

내가 주장하는 바는, 『논고』에서, 다의성équivoque이 언제나 이러한 구문론에 의해 엄격하게 틀 잡혀 있다는 것이다. 두 번째 시기의 비트겐슈타인은 그 테두리를 제거하며, 동요의 방법론 안에 자리한다. 이러한 방법론의 의미론적 일탈은 앞에서 말한 괴롭힘의 주요 진행 과정이며, 그 괴롭힘이 겨냥하는 목표는 규칙들의 인간학적 산종을 강요하는 것이다. 이 일탈은 궁극적으로 말의 완전한 탈안정화와 무모순율principe de non-contradiction*의 철폐라는 분명한 대립항들의 등가성에 의지한다. 흥미롭게도 데카르트의 기만적인 신을 연상하게 하는 한 전형적인 예가 『수학의 기초

* 무모순율이란 명제 p와 p-아님이 동시에 성립할 수 없음을 말하는 논리학의 원칙. 수학식으로 표현하면 $\neg(p \wedge \neg p)$.

에 관한 고찰』에서도 발견된다.

내가 청색을 볼 때, 이는 내가 보는 대상이 청색이 **아니라**는 것을 의미한다고—나에게 보이는 색깔이 언제나 **배제되는** 것으로 간주됨을 의미한다고—상상할 수 있을까? 가령 나는 신이 나에게 어떤 색깔을 보여주는 것은 나로 하여금 그 색깔이 **아니라**고 말하게 하기 위해서라고 생각할 수 있을 것이다.

그렇지 않다면, 내가 보는 색깔은 그 색깔이 그 대상을 기술하는 역할을 맡는다고 말해질 뿐이다. 그 색깔은 하나의 명제가 아니라 단지 "청색"이라는 말에 대응될 뿐이다. 그렇다면 그 대상에 대한 기술은 "그것은 청색이다"라는 말에 의해서도 "그것은 청색이 아니다"라는 말에 의해서도 가능하다. 이때 우리는 다음과 같이 말한다. 눈은 내게 오로지 청색을 보여줄 뿐이며, 청색의 역할을 보여주지 않는다고. 이를테면 우리는 그 명제의 **나머지 부분**을 듣지 않은 채로 청색을 보는 것과 "청색"이라는 말을 듣는 것을 비교한다.

내가 보여주기 원하는 것은 사람들이 "그것은 청색이다"라는 말로 그렇게 하는 만큼이나 "그것은 청색이 아니다"라는 말로도 어떤 사물이 청색이라고 기술하고자 할 수 있다는 점이다.

근본적으로 비트겐슈타인이 "원하는" 것은 기술에 대한 의지가 어떠한 검열과도 마주치지 않는 상태이다. 대상의 기술이 나타내는 언어적 실행의 진폭은, 그것이 눈에 보이는 것과 귀에 들리는 것 사이에서 잠정적으로 규정된 상관관계 외에 결코 다른 것일 수 없는 이상, "청색"과 "비非청색"의 등가성을 정립할 수 있어야만 한다.

그러나 의지와 용법 간의 이 명목상의 상관관계는 비트겐슈타인의 가장 오래된 신념 중 하나이다. 말할 수 없는 행위의 영역에 속하지 않는 모든 것에 대해서, 우리는 기술적 화용론pragmatique descriptive 가운데 머물러야 한다는 것이다.

결론적으로 말해 비트겐슈타인의 언어들은 세 가지 공리로부터 정리된다.

첫 번째 공리는 모든 일관적인 반철학(파스칼 또는 루소 그리고 니체 또는 비트겐슈타인)의 문체론적 궤적을 지배하며, 다음과 같이 진술된다. 공리 1: "철학은 이론이 아니라 활동이다."(『논고』, 4.112)* 분명히 이 행위[활동]는 말parole

의 행위이다. 왜냐하면 침묵 속의 윤리적 행위는 철학과 아무런 관련도 없기 때문이다. 그것은 모든 철학에 대한 신비로운 극복surmonter-mystique이다. 비트겐슈타인이 우리에게 말하고자 하는 것은 철학(말하자면 반철학, 또는 반형이상학적인 것—이 둘은 같은 말이다)이 **비非이론적인** 말의 행위라는 것이다.

이론théorie의 덫에 걸리지 않으면서 플라톤적 **테오레인** *théorein*(바라봄 혹은 관조, 'théorie'의 어원—옮긴이)을 거부하는 능동적인 발화란 무엇인가? 그것은 바로 언어적 가변성 곧 때로는 틀 지워진 경구의 형태를 취하다가 때로는 은유나 비교연구의 형태를 취하는 괴롭힘의 수사법이 우리에게 부과하는 어떤 것이다.

그렇지만 다른 두 가지 공리가 그러한 가변성의 적용을 규제한다.

공리 2: "철학은 말할 수 있는 것을 명확하게 제시함으로써 말할 수 없는 것을 나타낼 것이다."(『논고』, 4.115)

---

* 원문에서는 '이론'théorie이 아니라 '학설'Lehre로 되어 있는데, 발리바르의 번역에서 바뀌었거나 혹은 바디우가 'théorie'와 그리스어 동사 'théorein'를 연관 지어 이야기하기 위해 수정한 것으로 보인다.

담론적 육중함은 말할 수 있는 것에 대해 말하는 제시이다. 제시의 명료함을, 『논고』의 비트겐슈타인은 대상들의 존재론과 원자명제들의 논리학 사이의 일치에서 발견한다. 이로부터 귀결되는 언어는 논리화된 경구이다. 하지만 그렇다면 우리는 진정으로 말할 수 없는 것을 나타낼 수 있는가? 혹은 그저 존재-론적인 것l'onto-logique의 폐쇄적인 합성이 있을 뿐인가? 이 질문이 비트겐슈타인을 움직여 존재-론적 배치를 실험적인 인간학적 다원론으로, 단어의 수사법을 근사적인[막연한] 괴롭힘의 수사법으로 교체하게 한다. 그러나 이때 우리는 일자l'Un의 문제를 완전히 놓치는 것은 아닌가? 또한 우리는 행위라는 지시대상을 가지며, 이 지시대상만을 유일한 이용 가치로 삼는 신, 신비한 것, 신성한 것이라는 비어 있는 말들이 위치하는 장소를 알고 있는가?

의심의 여지없이 바로 이 지점에서 그 다음 공리가 도출된다. 공리 3: "나는 이렇게 말했을 때, 철학에 대한 나의 태도를 요약했다고 생각한다. 철학은 시작詩作으로 쓰여야 한다."(이는 1940년대에 비트겐슈타인이 했던 발언이다.) 시작詩作, composition poétique은 언어로 하여금 그것이 말하지 않는 것을 말하게 하거나 또는 그 말하기의 말해지지 않은 부분을 물질적으로 보여주는 배열이다. 이때 행위의 장소는 언어가 갖는 전적인 힘의 말해지지 않은 자원으로서 언어적으로 모호한 말들의 가장자리로 소환된다.

이러한 "시적인" 신념을 명료하게 하기 위해 비트겐슈타인과 하이데거를 연결시키는 것은 결코 지나친 일이 아니다. 하이데거와 비트겐슈타인 양자 모두에게 시적인 명제는 언어를 세계와 세계의 의미를 가르는 경계에 자리잡게 한다. 그리고 무엇보다 시적인 명제는 그 자체로 고유한 언어적 활동, 즉 고유한 힘의 증거이다.

요컨대 거기에 철학적 언어는 없다. 거기에는 형식 논리를 패러다임으로 하는 명료한 제시(그러나 논리적 진술들은 아무것도 말하지 않는다)와 말할 수 없는 것을 지시하는 시작詩作(그러나 말할 수 없는 것을 향한 긴장에 관해 매우 강력한 힘을 행사하는 시는 그 자체로 말할 수 있는 것을 둘러쌀 수 있는 힘, 즉 언어의 한계를 세계의 한계로 말할 수 있는 힘을 갖지 않는다) 사이의 동요가 있는 것이다. 비트겐슈타인은 하이데거처럼 존재-론적 분절articulation에 시적-사유poético-pensant의 예언적 분열schize을 대비시킨다.

『논고』는 보여줌monstration의 명료성[계시]clarté에 적합한 첫 번째 문체에 따라서, 진술들과 진술들의 합성에서 받침대를 얻는다. 두 번째 문체는 벌의 문체 곧 고문과 독촉으로 이루어진 것으로, 논리도 증명도 없는 이탈의 대각선을 따라 그 수사법을 질문과 질문에 대한 질문이라는 난해한 형식에 유보한다.

그러므로 사실상 어떤 곳에도 이르지 않는 오직 하나의 길이 있을 뿐이라고 선언할 수 있다. 이러한 형이상학적 선언의 무의식적 효과는 신 또는 구원이라는 가장 비어 있는 말의 순수한 힘이 어디에서도 반향을 일으키지 않는다는 것이다. 과도한 경구와 끝없는 질문이라는 쳇바퀴 돌리기를 통해서, 모든 반철학은 도덕 신학(또는 미학—이 둘은 같은 것이다)에 이르게 되며, 오직 구원의 행위만이 비판적 잡담을 중단시킬 수 있는 것이다. 〈파르지팔〉*Parsifal* 종결부에서 바그너Wilhelm Richard Wagner가 말하는 그대로 말해보자. "구원자에게 구원을!"

하이데거는 그의 유작에서 이렇게 말했다. "오직 신만이 우리를 구원할 수 있다."

비트겐슈타인은 1937년에 이렇게 말했다. "우선 구원받아야 한다. 그러고 나면 모든 것이 달라질 것이고, 당신이 지금 할 수 없는 것들을 할 수 있게 된다 해도 그것은 놀라운 일이 아닐 것이다."

근본적으로, 비트겐슈타인과 하이데거에게 공통적인, 언어에 관한 세 가지 연결된 테제가 있다.

1. 논리학은 아무것도 말하지 않으며, 수학은 사유가 아니다. 따라서 철학은 어떤 식으로도 철학을 토대 짓는 의미와 진리의 구분에 관해 수학소mathème라는 언어 아닌 언어를 신뢰할 수 없다.

2. 시는 존재를 나타내며, 행위의 긴급성을 기재한다. 그러나 시는 오로지 이 긴급성의 수호자, 다시 말해 이 긴급성이 물러나며 남긴 구성물일 뿐이다. 철학 자체는, 비록 세계의 순수한 현세성에 대한 비판이라 하더라도, 시적인 언어와 결코 동일시될 수 없다.

3. 구원은 그 고유한 사유에 내부적인 사건의 영역에 속하며, 말들의 부재를 나타내는 신이라는 말이 조직하는 의미론적 별자리constellation에 결부되어야 한다.

내가 생각하기에, 바로 이 세 가지 확실성(모두 반플라톤적인)이 비트겐슈타인의 언어들을, 그리고 분명하게 그 언어들의 잠정적인 절망으로 명명되어야 할 어떤 것을 해명해 준다.

해제

반철학자—철학을 깨우는 자

서용순

1

비트겐슈타인의 단언하는 스타일. 이 책의 세부에 대한 해설 또는 바디우의 철학적 입장에 대한 상세한 규명을 기대한다면 곧장 이 책의 세부로 들어가야 한다. 저자의 목소리에 귀 기울이는 것이 이해를 위한 가장 빠른 길이다. 바디우는 예의 그 명확한 논법으로 독자를 이끈다. 이 책 안에 숨겨진 것이라곤 없다. 이 책이 말하고 있는 것이 그 전부이며, 그것을 통해 바디우 철학의 모든 것이 드러난다. 입장의 명료함, 그 입장을 다른 입장과 가르는 행위 등은 그 자체로 반反철학의 규약을 따르고 있다. 그러나 언제나 그렇듯, 철학자는 반철학자에게 투항하지 않는다. 반철학의 독특한 문제제기에 맞서 '철학자'는 자기 방식으로 대답하고, 논증하고, 설득한다. 철학책을 읽는 데 필요한 인내를 포기하지 않는 것으로 충분하다. 사람들이 그리도 읽기 싫어하는 뜬 구름 잡는 이야기도 없다. 이 책을 지배하는 것은 역시 삶과 존재의 문제다. 그렇기에 그것은 모두의 문제고, 우리가 살아가는 세계의 문제다. 그것이 전부다.

나는 이렇게 해제를 끝낼 수도 있다. 그러나 조금은 자제하도록 하자. 반철학자의 폭력적인 스타일을 무척 좋아하기는 하지만, 그것이 지금 나에게 허용된 입장은 아닌 것 같다. 그저 철학자와 반철학자 사이에 드리워진 모호한 장막의 이면을 살짝 드러내는 것으로 만족하자. 그것이 바로 여기서 필요한 일이기도 하다. 바디우의 철학에서 반철학자(그리고 소피스트)가 차지하는 비중은 무척 크다. 그의 새로운 진리 철학은 반철학자의 폭력(그리고 소피스트의 냉소)에 의해 강제된 철학의 가장 적극적인 선택지라고 말해도 틀린 것은 아니다. 그가 1968년 이후 정치적 실천의 시기 가운데 가장 주목했던 것 중 하나가 바로 '반철학'의 사유였고, 1980년대의 격랑 속에서 자기 철학의 방향을 설정한 것도 바로 그 '반철학'에 대한 비판적 검토 속에서였다. 그렇게 바디우에게 반철학자는 언제나 논적이자 스승이었다. 그는 자신의 철학을 열어 나가기 위해 고대의 헤라클레이토스(파르메니데스에 반대하는)에서부터 이어지는 반철학의 계보를 참조하였고, 그들을 스승 삼아 새로운 철학의 가능성을 타진해 왔던 것이다.

바디우는 그러한 반철학자들의 사유를 진지하게 검토했다. 1992년부터 1996년까지, 그는 반철학을 주제로 하는 세미나를 이어 나갔는데, 당시에 다루었던 네 명의 반철학자가 바로 니체, 비트겐슈타인, 라캉, 성 바울이었다. 물론 그 선택 이외에 헤라클레이토스, 파스칼, 루소, 키르케고르 등을 반철학자의 목록에 추가해야 한다. 그들 대다수는 철학의 역사에서 중요한 위치를 차지하는 철학자들이다. 종교적인 인물임에 분명한 성 바울과 정신분석을 혁신한 라캉을 제외한다면 그들은 모두 일반적으로 '철학자'라고 불리는 사람들이다(물론 바울과 라캉조차도 여러 가지 점에서 철학과 연루되어 있는 것이 사실이다). 그런데 바디우는 이들 철학자를 라캉 자신이 창시한 '반철학자'라는 이름으로 부른다. 그 이유는 그들이 모두 철학의 지배적인 경향에 대항하여 사유의 전환을 요구했기 때문이다. 그들은 모두 철학사 안에서 주류를 이루는 철학적 경향들과 대립하고, 철학을 궁지에 몰아넣은 '철학의 이단아'들이다. 제도적인 철학적 제도 안에서 결코 인정받을 수 없었지만, 철학의 전환점을 마련하고, 철학의 새로운 방향을 제시하는 인물들이 바로 '반철학자'인 것이다.

2

이단아로서의 반철학자는 철학을(그리고 철학자를) 무차별적으로 공격한다. 마치 자신이 가진 모든 행위의 유효성이 철학 그 자체에 대한 전면적이고 폭력적인 부정에 있기라도 한 것처럼, 반철학자는 자신의 삶의 모든 것을 걸고 철학을 공격한다. 그러나 그것이 정말로 철학을 끝장내는 것은 아니다. 반철학자는 철학자에게 그러한 폭력을 가함으로써 역설적으로 철학을 구해낸다. 철학은 반철학을 통해 다시 일어서는 것이다. 반철학자는 언제나 모든 것이 끝났다고 이야기한다. 과거의 모든 철학은 파산했고, 이제 새로운 사유의 지평이 열린다는 것이다. 그래서 모든 반철학자는 철학의 종말과 죽음을 선포한다. 그것은 새로운 철학의 시작, 완전히 새로운 무언가의 시작을 선포하는 것과 마찬가지다. 그 선언은 낡은 철학과의 단절과 새로운 사유의 시작을 고지하는 가장 난폭하고 갑작스런 선언인 것이다. 그런 점에서, 반철학자는 귀를 찢는 고성高聲으로 철학을 깨우는 폭력적인 예언자다. 그의 폭력적인 선언 없이 철학의 전진은 불가능하다. 그가 선언하는 철학의 죽음은 철학에 새로운 장을 여는 강력한 수사다. 진실을 말하면, 반철학자는 철학을 죽임으로써 새로운 철학을 만들어 내려는 사유의 암살자, 철학이라는 거대한 주인을 쓰러뜨리고 사유의 새로운 주인이 되고자 하는 부친살해의 실행자다. 철학은 그렇게 거듭난다. 반철학자의 행동을 통해 철학은 새로운 자양분을 공급받고, 새로운 사유의 지평으로 나아가는 것이다.

그러한 반철학자의 전복적 행위에 맞닥뜨려, 철학은 자신의 사유를 재검토하도록 강제당한다. 반철학의 문제제기는 무기력에 빠져 정체된 철학에 활력을 부여하는 계기가 된다. 그 야심찬 선언과는 달리, 철학의 종말 또는 죽음이라는 반철학의 선고는 철학을 혁신하도록 강제한다. 루소에 심취했던 칸트의 철학은 반철학에 대한 철학의 응답이 어떤 것일 수 있는지 잘 보여준 사례라고 할 수 있을 것이다. 그렇다. 철학은 반철학을 외면하거나 무시하지 않고, 반철학의 문제제기에 성실하게 응답해야 한다. 소피스트와의 대화와 마찬가지로, 반철학과의 대화는 철학자가 져야 할 의무에 속한다. 반철학자의 폭력적인 공세를 견뎌 내는 것은 반철학자의 선언을 무시하거나 단죄하는 데 있지 않다. 철학자의 임무는 반철학의 선언을 철학으로 전유하는 데 있다. 반철학의 문제제기를 자신의 문제로 삼아, 그것을 철학적 체계 안에 새기는 것이 철학자가 해야 할 일인 것이다.

진리를 부정하는 소피스트와 달리, 반철학은 진리의 존재를 믿는다. 단지 그것을 말할 수 없는 것으로, 이론적 담론으로 체계화할 수 없는 것으로 간주할 뿐이다. 피터 홀워드Peter Hallward가 잘 간파하는 것처럼, 반철학은 어떤 말할 수 없는 의미, 초월적 의미를 선언하고, 진리에 대한 철학의 주장을 반박함으로써 그 의미를 포착한다.* 철학은 진리를 이론의 수준에서 설명하려고 애쓴다. 그러나 반철학은 그러한 진리의 개념 구축에 반대하여 진리와의 만남과 진리의 체험을 강조한다. 주체적 행위야말로 반철학자의 가장 강력한 무기인 것이다. 말을 앞세운 철학자들을 비난하고 사랑의 실천을 부과하는 성 바울, 순수한 긍정으로서의 원元정치적 행위를 고지하는 니체, 주체성을 진리의 지

* Peter Hallward, *Alain Badiou: A Subject to Truth*, University of Minnesota Press, Minneapolis & London, 2003, 20쪽을 보라.

표로 삼는 키르케고르는 모두 전례 없는 행위를 통해 철학과 분리선을 긋는다. 예컨대 반철학은 이론을 통해 진리를 설명하고자 하는 철학적 행위와는 완전히 다른 방식으로 그들의 새로운 진리를 펼쳐 내는 것이다. 우리가 이 책에서 확인하는 것처럼 비트겐슈타인 역시 이러한 반철학의 원칙에 충실하다. 그는 "철학이 그 자체의 무의미함을 명제와 이론의 영역 안에 제시하려" 한다고 비판하면서(본문 23-24쪽), 삶의 의미와 등치되는 세계의 의미가 철저히 세계 바깥에 존재한다고 단언한다. 그것은 신이라고 지칭되는("신은 세계 안에 자신을 드러내지 않는다."[『논리-철학 논고』, 6.432]) "말할 수 없는 초월성"이다. 새로운 행위는 그러한 세계 밖의 초월성과 연결된 "신비한 요소를 어떤 개념도 없이 보여주는 것"이다(본문 113쪽).

그런 점에서 반철학자는 진리의 가장 단호한 신자croyant다.* 이것이 반철학자를 소피스트와 구별해 주는 결정적인 단서다. 규칙의 체제 안에 있는 소피스트는 의미의 체제를 인정하지 않고 단지 세계의 다의성만을 신봉하는 동시에 진리 자체를 거부한다. 반면, 반철학자는 진리의 존재를 부

* Alain Badiou, *Métaphysique du bonheur réel*, PUF, Paris, 2015, 35쪽 참조.

정하지 않는다. 그가 문제 삼는 것은 철학이 추구하는 이론적 체계, 철학이 갖는 야망으로서의 '이론'이다. 그러한 철학적 담론에 반대하여 내세우는 것이 새로운 행위고, 그 행위는 고전적인 철학적 행위와 구분되는 완전히 새로운 행위에 다름 아니다. 진리를 위한 새로운 행위가 문제가 될 때, 반철학자들은 제 실존의 독특성을 통해서만 그 새로운 행위를 지칭한다. 이론에 반대하는 반철학자들에게 이는 필연적인 귀결이다. 새로운 가치를 드러내는 것은 오로지 행위를 통해서만 가능하기 때문이다. 그런 반철학자들은 종종 지속하기 힘든 그 행위의 한계에 부딪혀 소피스트의 길로 접어들곤 한다. 그것은 어쩌면 언어화할 수 없는 의미와 관련된 한계에서 연유하는 것일지도 모른다. 이는 비트겐슈타인에게 더욱 특징적이다. 후기 비트겐슈타인은 언어 게임에 경도되어 규칙의 체제 안으로 들어가고, 존재와 삶에 대한 근원적인 문제의식에서 멀어진다. 바디우가 다른 글에서 비트겐슈타인을 우리 시대의 고르기아스라 칭하며, 그를 소피스트의 목록에 포함시킬 때, 그는 후기 비트겐슈타인의 그러한 논의를 염두에 두고 있는 것이다.* 그

* Alain Badiou, *Conditions*, Seuil, Paris, 1993, 60-61쪽 참조.

러나 그것이 반철학의 중요성을 부인할 수 있는 근거는 될 수 없다. 그 모든 사유의 굴곡은 철학의 곤경을 드러내고, 철학자로 하여금 평화로운 아카데미의 성채를 떠나 그 곤경을 돌파하기 위한 실재적인 탐험에 나서게 한다.

3

이 책은 철학자의 입장에서 수행되는 그러한 탐험의 교본이라 할 수 있다. 바디우는 반철학의 문제제기에 열광하지만, 결코 스스로를 반철학자로 자리매김하지 않는다. 그는 철학자의 입장에서 반철학자와 소피스트들을 논파하기 위해 애쓴다. 그것이 철학자의 의무다. 반철학자를 외면하고, 소피스트를 추방함으로써 문제의 중요성을 회피하는 것은 고려의 대상이 아니다. 그와 반대로 반철학의 문제제기를 진지하게 검토하고, 소피스트와 논쟁함으로써 철학적 사유를 더욱 풍부하게 만들어야 한다. 반철학자를 무시하거나 소피스트를 경원시해서는 안 된다. 그들은 언제나 철학자의 진지한 파트너, 철학자를 곤경에 빠뜨림으로써 철학을 아카데미의 수렁에서 건져내는 대립하는 조력자들이다. 틀림없이 철학자는 반철학자에게 많은 것을 빚지고 있다. 바디우는 고대에서 현대에 이르는 반철학의 도도한 흐름을 통해 철학 자체를 혁신하는 계기를 발견하고, 그것을 자기 철학의 중요한 원천으로 삼는다. 그러나 철학적 사유의 무의미함이라는 반철학자의 도발에는 굴복하지 않는다. 철학자는 철학적 사유 자체에 가해지는 반철학자의 폭력적인 도발에 맞서 철학을 방어한다. 그렇게 바디우는 사유로서의 수학의 지위를 긍정하고, 진리의 존재 자체를 방어하면서 새로운 존재론의 다수적 근거를 반철학자로부터 끌어온다. 반철학자가 전례 없는 행위를 통해 보여주려는 것이 결국은 사유의 규정과 전달에 맡겨진 것임을 긍정하는 바디우는 반철학의 요구가 사실상 철학을 통해서 실행될 수밖에 없는 것임을 단언하며 영원한 진리에 대한 자신의 열정을 가감 없이 드러내는 것이다.

진리와 관련된 철학적 행위는 모든 현대성을 자신의 것으로 삼음으로써 더욱 풍부해져야 한다. 특정한 진리에 봉합되어 철학적 행위를 포기하기보다는, 수학, 예술, 정치, 사랑이라는 네 가지 진리 생산 절차를 동시에 사유함으로써 철학의 위기를 돌파하고, 새로운 철학의 여정을 제시하는 것이 철학자의 의무일 것이다. 그러한 길이야말로 철학이 구조의 지배적 법칙에 의해 고사당하지 않는 유일한 길이다. 어쩌면 오늘날 우리에게 필요한 것은 그러한 반철학자의 전복적 행위, 철학을 잠에서 깨우는 폭력적 행위일 수도 있다. 비록 그러한 행위는 그 어디에서도 환영받지 못하겠지만, 오늘날의 무-사유를 극복하는 동시에, 아카데미의 무기력함에 젖어 있는 철학을 일으켜 세울 수 있는 것은 아마도 그러한 반철학적 행위일 것이다. 물론 우리의 지적 환경과 풍토에서 그런 일이 일어날 가능성은 그리 많지 않다. 문제는 비트겐슈타인도, 그에게 경의를 표하는 동시에 그를 넘어서고자 하는 바디우도 아니다. 문제는 이 책에서 바디우가 시도하는 대화를 모델로 하여, 그러한 사유의 전투를 우리의 현실 속에서 시작하는 데 있다. 그것이 없다면, 모든 것은 여유로운 자의 지적 사치로 끝나 버릴 것이다. 그 시작을 만들어 내는 것이 우리의 현재적 과제라는 점을 잊어서는 안 된다.

옮긴이 후기

비트겐슈타인이라는 이름은 우리가 아는 그대로 20세기의 가장 탁월한 철학자들의 명단 가운데 자리한다. 일상언어의 명료한 사용을 통해 대상의 존재론과 현실적 대상들의 관계를 언명하는 세계의 논리학을 연결하는 철학자이자, 윤리와 종교의 말할 수 없는 실재를 주장하는 미학적 천재로 표상되는 비트겐슈타인은 오늘날 우리가 아는 철학자들 중 가장 매력적인 모습으로 다가온다. 그런 의미에서 비트겐슈타인을 반철학자라 칭하는 것은 어딘가 불편한 정서를 유발하는 구석이 있다고 말할 수 있다.

반철학이란 무엇인가? 그리고 왜 비트겐슈타인은 반철학자인가? 반철학을 말하기 위해서는 우선 철학에 관해 이야기하는 편이 용이할 것이다. 반철학이 철학에 대한 대항담론이라는 점에서 보자면 말이다. 흥미로운 것은 철학 자체가 일종의 대항담론이라는 점이다. 적어도 플라톤 혹은 그의 스승 소크라테스의 철학은 아테네 사회 내에 공고히 자리한 의견 또는 수사학의 우위로 이익을 얻는 소피스트적 담론에 대항하여 시작되며, 진리와 존재의 일자성을 주장한다. 그러나 이후 두 담론 간의 쟁투에서 우위를 점한 철학은 일자의 폭력성으로 모든 것에 관한 담론을 자임하며, 비트겐슈타인의 말 그대로 인류의 역사 속에서 엄청난 죄악을 저지른다. 반철학, 아니 자신의 고유명에 따라 담론을 전개한다는 의미에서 개별자의 고유한 이름으로 언급할 수밖에 없는 반철학자의 담론은 바로 이 지점에서 무대에 등장하여, 아무런 근거 없이 일자를 자임하는 철학의 오만에 맞서는 대항담론의 역할을 맡는다. 현실의 유사물인 의견을 조작하던 과거의 소피스트와는 달리 철학의 틈새 혹은 나머지로서의 말할 수 없는 실재를 포착하는 전략을 갖추고서 말이다.

그렇다면 철학자 바디우가 반철학을, 특히 반철학자 비트겐슈타인을 불러내는 것은 어떤 의도인가? 철학은 반철학의 주장을 무시할 수 없다. 철학의 실재 곧 철학 자체가 지닌 내부적인 문제들을 철학은 결코 발견할 수 없기 때문이다. 철학이 자기 자신에 대한 거리를 만들 수 없는 이상에 있어서 말이다. 특히 일자와 다수의 문제에 관한 한 철학은 어떤 의심스러운 혐의에서 벗어날 수 없으나(최근에 회자되는 하이데거의 나치 부역을 관련시켜 생각해 볼 수 있을 것이다), 철학은 이러한 철학 자체의 문제를 인지하지 못한다. 철학이 철학 자체의 문제에 관해 알 수 있는 방법은 바로 반철학의 비판을 수용하는 것이다. 니체나 비트겐슈타인 혹은 라캉의 비판을 받아들이고 이에 대응하는 방식으로 말이다. 이는 철학 자체의 존속을 위해 요구되는 바이며, 바디우가 철학을 개정하는 방식이기도 하다. 어떤 의미에서 반철학자, 특히 비트겐슈타인과의 대화는 일자적 오만에 빠진 철학의 개정을 위해 불가피하게 취해야 할 수단일지도 모른다.

하지만 반철학, 특히 비트겐슈타인의 반철학은 이와는 다른 결과를 요구한다. 바로 철학의 폐기를 말이다. 철학은 의미 없는 명제를 만들어 내는 의미 없는 담론일 뿐이며, 차라리 침묵 속의 행위를 위해 사라지는 편이 나을 무의미한 항진명제 혹은 동어반복과 연관될 뿐이다. 비트겐슈타인의 관점에서, 철학은 의미를 만들지 못하는 명제, 명제의 체제, 혹은 담론일 따름이며, 과거 이 담론이 초래한 엄청난 범죄를 고려할 때 차라리 사라지는 편이 나은 범죄인 것이다.

지나가는 길에 잠시 이야기하자면, 소피스트 혹은 소피스트적 담론은 철학자 플라톤이 완전히 반대하는 대상만은 아니었다. 가장 이름 난 소피스트였던 고르기아스나 프로타고라스는 플라톤의 입장에서 일종의 대화 상대였으며, 때로 그들에게 배워야 할 가치를 지닌 자들이었다. 이를테면, 심지어 플라톤 자신이 쓴 대화편에서도 이들 탁월한 소피스트들에 대해서 소크라테스는 언제나 자신의 변증술을 통한 논박으로 압도할 수 있었던 것은 아니고, 오히려 이들을 인정하고 이들의 이야기를 경청하고 수긍하는 모습을 보이기도 한다. 말하자면 이들은 소크라테스 혹은 철학의 존경스러운 대화 상대였던 것이다. 그렇다면 철학을 비판하는 반철학 역시 철학의 대화 상대가 될 수는 없을까? 철학의 틈새를 혹은 나머지를 혹은 그 실재를 드러내는 반철학, 특히 이 책에서 바디우가 개입하는 비트겐슈타인의 반철학은 말이다.

하지만 대화에서 대화 상대의 문제에 관해 그저 눈감고 넘어갈 수만은 없는 일이다. 철학의 문제를 지적하는 반철학, 특히 비트겐슈타인의 반철학에도 분명한 문제가 있는 것이다. 우선 너무나 직접적으로 실재에 이르는 담론과 이로 인한 파괴적 성향에 대해 지적하지 않을 수 없다. 철학이 거치는 세심한 탐구와 이를 위한 매개의 사유(수학과 같은)에 비할 때, 반철학은 문제를 해결하기보다는 문제를 즉각 제거하려 한다(예를 들어, 무의미한 담론으로서의 형이상학 혹은 철학에 관한 비트겐슈타인의 단언). 게다가 반철학은 오직 반철학자 자신의 고유명을 통하지 않고서는 전달될 수 없기에, 반철학 자체의 권위와 절대성을 자임하지 않을 수 없으며, 이로 인해 반철학 자체가 비판해 마지않는 일자성이나 철학의 오만에 가까운 어떤 것에 이를 수밖에 없다. 언제나 그렇듯, 상대의 지적을 받아들여 자신의 문제를 해결한 자, 즉 오늘날 종래의 철학에 있는 문제를 해결하는 철학자보다 반철학이라는 철학의 상대에 대한 올바른 비판을 하기에 더 적합한 위치에 선 사람이 있겠는가?

또한 바디우의 지적에 따를 때, 비트겐슈타인의 진정한 문제는 반철학 자체에 있다기보다는 그의 두 가지 의미에 따른 과거회귀에 있다. 비트겐슈타인의 과거회귀는 먼저 종교적 측면으로 신, 신비한 것, 명료함 혹은 계시, 종교적 구원으로 돌아간다는 면에서 시작하여, 다른 한편으로 『논리-철학 논고』 이후에 반철학적 측면을 이탈하여 소피스트적 측면으로 들어섬으로써 완성된다. 그리고 바디우는 이런 소피스트적 퇴행에 관해 마뜩치 않은 심정을 드러내기도 한다. 말하자면 『반철학자 비트겐슈타인』이라는 제목이, 그리고 이 제목이 말해 주듯이 이 책이 소피스트적 담론으로 들어선다고 판단되는 『철학적 탐구』는 거의 다루지 않고 논의의 범위를 『논고』에 한정한다는 점 역시 이런 심정과 관련된다고 여겨진다.

어쨌든 철학과 반철학 사이에는 진정한 논쟁이 있을 수 있을까? 진리와 의미의 관계, (비)사유와 명명 불가능한 것 그리고 무의미 사이의 관계라는 쟁점을 거슬러, 바디우와 비트겐슈타인의 논쟁은 존재론과 논리학의 매듭으로서의 주체의 이론이라는 종착점으로 나아간다. 비트겐슈타인은 그러한 매듭을 포기하고 주체가 없는 선험성으로 돌아간 반면, 바디우는 『세계의 논리』에서 바로 그 매듭을 사건의 장소로 규정하면서 주체의 이론의 일부로 끌어들인다. 비트겐슈타인에게 주체의 이론의 방기는 종교적이고 미학적인 신비주의, 세계의 한계에 대한 느낌, 그리고 끝내 침묵의 행위로 이어진다. 주체의 윤리는 말할 수 없는 것 앞에서 침묵하는 것일까, 아니면 결정 불가능한 것을 결정하는 용기일까? 삶의 변화를 구원의 선행성에 결부시켰던 비트겐슈타인은 결국 사유의 주체가 아니라 과도한 주이상스의 희생양이었던 걸까? 『세기』에서 말해지는 최소 차이로서의 실재를 향한 열정에 비트겐슈타인을 결부시키기에는 그의 수학에 대한 입장이 너무 양가적이었던 것일까?

이런 질문들이 철학과 반철학의 논쟁이 갖는 독특한 성격을 보여 준다. 그것은 논쟁이라기보다는 존경 어린 개입, 애정 어린 질타에 가까운 것이다. 문득 '감히 말씀드리자면'으로 시작해서 '아끼는 마음에서'로 마감되는 논쟁은 결국 미담으로 남고, 그렇게 미담이 논쟁에 스며든 공간을 우리는 사유의 공간이라 부른다. 누구에게나 열려 있으면서도 결코 어떤 특정 인물에게 매이지 않는 공간 말이다. 사유의 공간에서 커다란 대립(가령 진리의 무의미와 (무)의미의 심연 간의 대립)은 있을지언정 권력투쟁이란 없다. 그래서 철학과 반철학 간의 끝날 줄 모르는 대화는 사유도 비사유도 아닌, 사유화私有化 불가능한 사유思惟 주체의 익명적 미소로 이어지게 마련이다.

보잘것없는 공역서를 출간하게 되었다. 번역의 불가능성 운운하는 것조차 부끄러운 일이다. 언어의 한계와 세계의 한계에 앞서는 역자의 한계가 있었다는 고백을 하지 않을 수 없다. 어쨌든 이 책의 작업을 진행하는 중에 우리 두 사람의 호흡이 잘 맞았기에 그나마 어느 정도 도움이 되었다. 또한 이 책의 작업은 많은 분들의 지도와 격려가 있었기에 무사히 마칠 수 있었다. 문창옥 선생님, 서용순 선생님, 석기용 선생님께 감사드린다. 아직 경험이 많지 않은 역자들에게 중요한 작업을 맡겨 주신 사월의책 안희곤 대표님과 편집을 담당해 준 박동수 편집장님께도 감사의 말씀을 전하고 싶다.

박영진, 박성훈